PINÓQUIO EDUCADOR
ensinar e aprender na
escola contemporânea

EDITORA AFILIADA

Questões da Nossa Época
Volume 53

Dados Internacionais de Catalogação na Publicação (CIP)
(Câmara Brasileira do Livro, SP, Brasil)

Rosa, Sanny S. da
  Pinóquio educador : ensina e aprender na escola contemporânea / Sanny S. da Rosa. -- São Paulo : Cortez, 2014.

  Bibliografia.
  ISBN 978-85-249-2176-6

  1. Cultura contemporânea 2. Educação 3. Pedagogia 4. Prática de ensino 5. Psicanálise I. Título.

14-01026   CDD-371.3

Índices para catálogo sistemático:
  1. 1. Prática pedagógica : Educação   371.3

Sanny S. da Rosa

PINÓQUIO EDUCADOR
ensinar e aprender na escola contemporânea

PINÓQUIO EDUCADOR: ensinar e aprender na escola contemporânea
Sanny S. da Rosa

Capa: aeroestúdio
Revisão: Marta Almeida de Sá
Preparação de originais: Solange Martins
Composição: Linea Editora Ltda.
Coordenação editorial: Danilo A. Q. Morales

Nenhuma parte desta obra pode ser reproduzida ou duplicada sem autorização expressa da autora e do editor.

© 2014 by Sanny S. da Rosa

Direitos para esta edição
CORTEZ EDITORA
Rua Monte Alegre, 1074 – Perdizes
05014-001 – São Paulo – SP
Tel.: (11) 3864-0111 Fax: (11) 3864-4290
E-mail: cortez@cortezeditora.com.br
www.cortezeditora.com.br

Impresso no Brasil — março de 2014

Sumário

Prefácio
Alípio Casali 7

Início de conversa 13

PRIMEIRA PARTE
Notas sobre Educação e Ensino

Capítulo 1 — Entrando na escola (hipermoderna)
pelas mãos de Pinóquio 21
A dimensão pedagógica da obra de Collodi 24
Pinóquio, "filho" de Carlo Collodi 29
Do pedaço de toco ao "nascimento" de Pinóquio:
Gepeto, pai ou pedagogo? 33
O Grilo Falante e a Fada Azul: representantes
(pedagógicos) da modernidade 39
Pinóquio: herói da era do vazio? 44

Capítulo 2 — Ensinar e aprender: uma relação *não* necessária 49

Da educação e do ensino como atos de vontade: sobre a centralidade do educador 56

Capítulo 3 — Lições de Autonomia: afinal Piaget era psicólogo ou pedagogo? 65

SEGUNDA PARTE
Teorias e Práticas Pedagógicas: questões (ainda) em aberto

Capítulo 4 — Ensinar a aprender: o que é mesmo *ser* construtivista? 77

Capítulo 5 — Aprendizagem e desenvolvimento: ou quem veio primeiro, o ovo ou a galinha? 88

Capítulo 6 — Brincar e aprender: afinidades eletivas entre cigarras e formigas 105

Ainda algumas palavras 119

Bibliografia 123

Prefácio

Revisitar, pelo olhar de Sanny S. da Rosa, a fantasia de Carlo Collodi (1826-1890) com um boneco de madeira que queria tornar-se um "menino de verdade" nos devolve não apenas à nossa própria infância; tampouco apenas ao fecundo tempo de elaboração de matrizes teóricas que buscaram compreender a instituição escolar em plena revolução industrial, na Europa. Devolve-nos ao presente; e arremessa-nos a algum futuro.

A complexidade da trama exige cuidados. Como de costume, a narrativa de gênero tangencial ao mítico guarda sentidos ocultos e inconscientes a serem desvendados. De partida, a releitura dos descaminhos de Pinóquio opera com um alerta ao longo do texto: cuidado, há perigos. Walter Benjamin[1] deve ser convocado, para distinguir entre *experiência* (*Erfahrung*) e *vivência* (*Erlebnis*). A experiência é algo compartilhável, é um processo de produção social de sentidos; a vivência, diferentemente, é um processo de produção de sentidos na interioridade do sujeito, não raro

---

1. "Walter Benjamin ou a história aberta". Prefácio de Jeanne Marie Gagnebin a Benjamin, Walter. *Magia e técnica, arte e política*: ensaios sobre literatura e história da cultura. São Paulo: Brasiliense, 1994.

pouco acessível ao próprio sujeito. Uma vez aceita a distinção, fica evidente que a educação se faz com experiências, mas não sem a agregação das vivências que, simultaneamente, dão densidade à existência dos sujeitos pedagógicos. Sem elas, suas experiências não passam de acontecimentos rasos e ralos, e seu ensino é sem vigor. Mas a palavra alemã usada por Benjamin para referir-se à experiência (*Erfahrung*), em sua riqueza semântica, guarda duas ideias: uma, a de que uma experiência é um *percurso*, um *trajeto* percorrido (o verbo em alemão é *fahren*: viajar, percorrer); outra, a de que todo percurso é *perigoso* (*gefärhrlich*). Estamos no centro da compreensão contemporânea crítica de *currículo*: uma complexa *experiência de formação* que se cumpre como um *percurso* não isento de *perigos* de toda ordem: físicos, emocionais, sociais, políticos, culturais. O fato de as experiências pedagógicas acontecerem entrelaçadas com e por *vivências* subjetivas as torna particularmente mais complexas: o campo do desejo é em sua maior parte desconhecido, e os efeitos de suas realizações são imprevisíveis.

No tempo da Florença de Collodi ainda predominava um percurso escolar supostamente previsível e controlável. Cada educando tinha uma trajetória de vida fortemente preestabelecida. Pinóquio viria a ser um dia, certamente, marceneiro como seu demiurgo Gepeto. Daí o espanto e o tormento de Gepeto diante dos descaminhos de sua criatura: como é possível que um aprendiz recuse o seguro lugar da aprendizagem e se aventure perigosamente atrás de ilusões tão falaciosas? O espanto de Collodi tem dois alvos; um, a escola: como pode ela ser tão incapaz de reter o interesse de Pinóquio? Outro, os aprendizes: como podem não querer aprender? Note-se a hipérbole da narrativa: se um boneco de madeira tem desejos e caprichos tão incontroláveis, o que dirá um "menino de verdade"?

Tudo isso nos remete aos limites das teorias que, a despeito de sua intenção e seu rigor epistemológico, não são suficientes para dar conta da realidade humana em toda a sua amplitude e profundidade. E se todo processo pedagógico implica "perseguir" os aprendizes (o ideal seria conseguir atraí-los...) para trazê-los de volta de seus devaneios, toda teoria pedagógica e toda prática educativa hão de ser sempre precárias, provisórias, pois sempre persecutivas (atrativas) dos novos interesses dos educandos de cada nova geração.

Os jovens da geração atual não têm feito um *percurso* (currículo) *de formação* retilíneo, uniforme, nem previsível. Ao contrário: suas trajetórias são no mais das vezes tortuosas, sinuosas, fragmentadas, dispersas em múltiplos investimentos. Movimentam-se para a frente, para os lados e para trás. Parecem menos raízes simetricamente fundadas do que rizomas desordenadamente estendidos para os lados onde as melhores oportunidades de desenvolvimento (e os prazeres) são percebidas.

Para nossos *hiper*jovens, da presente geração *hiper*moderna (Lipovetsky), não faz sentido uma educação na semântica de Sócrates (*e-ducere* como *trazer de dentro para fora* potencialidades e conhecimentos), como reconhecimento do já-dado para realizá-lo. Parece fazer mais sentido para eles a semântica de *e-ducare* como *ser conduzido ou conduzir--se de um estado de experiência e conhecimento a outro.*

Muitos desses jovens fantasiam imitar a arte no que ela tem de rupturas criativas. Alguns, ocasionalmente, conseguem ser bem-sucedidos: mediante um admirável heroísmo de enfrentar as resistências "disciplinares" (da escola), emancipam-se da mesma escola e ainda fazem de seu percurso profissional e pessoal uma verdadeira obra de arte. Mas esses são exceções. No mais das vezes, suas vidas resultam em simulacros tecnicamente bem ou mal reproduzidos a partir de algum clichê artístico inspirador cuja origem eles mesmos mal identificam.

O educador nesse ambiente cultural mais que nunca é convocado a ser a *autoridade* de que fala Sanny S. da Rosa neste livro. Mas existirá ainda esse personagem *"cuja autoridade moral se sustenta na firmeza de seu saber e numa lógica argumentativa que convence não apenas pelo conteúdo de seu discurso, mas pela forma com que nos toca a alma e nos instila o desejo de sermos mais, de sabermos mais"*?, pergunta-se ela. A pergunta é indispensável, pois fala-se aqui da *auctoritas* do educador que, sendo acima de tudo *autor*-de-*si-mesmo*, *precede* o educando no propósito de construir-se como um ser *autônomo* (por mais que, paradoxalmente, a construção dessa *autonomia* passe inevitavelmente pela dependência do outro, isto é, pela *heteronomia*).

Convenhamos, o educador é sujeito de um difícil ofício e uma rara arte de operar em três âmbitos, que em boa parte se sobrepõem: a) transmitir todas as ferramentas teóricas (conhecimentos), com seus manuais de instrução e, principalmente, com sua história, sua construção, numa palavra, seus sentidos nas culturas; b) compartilhar suas experiências, e não apenas as do bom manejo técnico desses conhecimentos, senão também e principalmente as de suas devidas aplicações, que tenham resultado em êxito profissional e pessoal do educador (caso contrário, como haveria ele de exercer algum fascínio sobre seus educandos, sem o que a educação não se completa?); c) ser um testemunho vivo de que sua existência pessoal é tecida também (se não principalmente...) pelas suas vivências, na sua interioridade mais íntima, nas misteriosas tramas dos seus desejos satisfatoriamente bem-sucedidos, na sua reverência diante do desconhecido, no seu respeito diante da dignidade inerente a todas as formas e aos modos de vida humana — especialmente a vida dos outros concretos educandos seus. Não consistiria na realização desses três âmbitos a *auctoritas* do educador?

Os jovens educandos sob a responsabilidade pedagógica de tal autoridade poderão seguir gastando muito tempo a percorrer caminhos tortuosos, mas terão mais probabilidade de um dia se darem conta de que *e-ducere* não é apenas uma anárquica reinvenção de si, mas sim também o reconhecimento e o cultivo do que vem sendo ancestralmente *tradito* (tradição). Esses jovens poderão, ocasionalmente, ser iludidos pelos "*representantes da crueldade, da contravenção, do engano e da esperteza* — *o terrível Tragafogo, do Grande Teatro; a Raposa e o Gato, do Campo dos Milagres; o juiz da cidade de Enrola-Trouxas e o Homenzinho, do País dos Brinquedos*", de que também fala a Sanny S. da Rosa neste livro. Quando questionados em suas escolhas, eles poderão, no limite, como Pinóquio, tentar esmagar o grilo falante, seu educador, contra a parede. Mas esse educador com legítima autoridade para conduzir irá atrás dos "desencaminhados" quando possível e pertinente, e estará sempre lá, em algum lugar, ao alcance da vista e do ouvido (ou, no limite, apenas da memória), como marco de referência, capaz de sinalizar o melhor da tradição a ser preservada e o melhor do futuro a ser inventado.

Guimarães Rosa, pela língua de Riobaldo, no final do percurso do Grande Sertão, reconheceu o que faz o homem humano: a travessia. Percurso. *Curriculum vitae*, um currículo de vida. *"Viver nem não é muito perigoso?"*, perguntava Riobaldo. Por que educar haveria de ser um percurso simples, fácil e seguro?

Alípio Casali

Início de conversa...

Recentemente fui convidada a fazer uma palestra para professores com o seguinte tema: *"quem aprende ensina, quem ensina aprende".* Meu primeiro pensamento foi: um tema "tranquilo" para quem, como eu, já tem um bom chão de estrada percorrido na profissão. Aceito o convite, chegou a hora de "trabalhá-lo". Isto é, de decidir como abordar o assunto, por onde começar, que exemplos dar, aonde chegar. Essas coisas que todo professor faz ao preparar uma aula.

Acontece que, como professora, sou um pouco como o grilo falante da fábula de Pinóquio: gosto de provocar meus alunos para fazê-los pensar. Tenho plena consciência de que, por conta desta característica, não sou propriamente uma "facilitadora" da aprendizagem. É que, no fundo, penso que o papel do professor é mesmo o de criar algumas "dificuldades". Afinal, que graça teria aprender se fosse assim tão "fácil"?

Há um preço a pagar por essa espécie de "teimosia pedagógica". Pois, para provocar, é preciso planejar bem as aulas. O "ensaio" é o segredo invisível desta arte. Assim, comecei a preparar a tal palestra colocando um ponto de interrogação no que, a princípio, seria o pressuposto daquela exposição. O título ficou assim, depois de refeito: *"Quem aprende ensina? Quem ensina aprende?"*. Olhando por esse ângulo, a temática daria o que pensar! A primeira questão a ser resolvida — pensei — seria identificar o "sujeito" de cada uma das sentenças! Aparentemente, o da primeira — *"quem aprende ensina"* — referia-se a um hipotético aluno, e o da segunda, por consequência, ao professor. Decidi começar por aí.

Antes de correr à estante de livros para consultar o que diferentes "teorias pedagógicas" teriam a dizer sobre o assunto, dirigi a pergunta a mim mesma: o que, a partir de *minha* experiência docente (e de vida), *eu* teria a dizer? Refletindo um pouco, fui surpreendida pela resposta que formulei: *"nem sempre"*! Quem aprende pode não *querer* ensinar o que aprendeu a alguém. Mas também pode acontecer de ensinarmos algo sem que tenhamos tido essa intenção! Tais pensamentos pareciam contradizer o que sempre tomei como um axioma da profissão: *ensinar é um ato intencional*! Minha experiência, no entanto, também diz que ensinar e aprender, às vezes, simplesmente *acontece*! Além disso, e pensando bem, nem todos os professores *aprenderam* de verdade aquilo que costumam ensinar! O velho ditado *"faça o que eu digo, não faça o que eu faço"* não foi inventado à toa! Deve ter sido por isso que a grande poetisa brasileira Cora Coralina um dia escreveu: *"feliz aquele que transfere o que sabe e aprende o que ensina".*

Pois bem, este livro foi escrito com este espírito: o de questionar algumas verdades já "surradas" pelo *senso comum* pedagógico. Pensei comigo: se for para repetir o que já estamos cansados de ouvir e ler sobre determinados temas da educação, ou para *atender* às expectativas do leitor, que valor teria mais um livro sobre ensinar e aprender? Mas fazer este exercício não foi fruto de mero capricho. Questionar por questionar (só para contrariar o *já dito*) não seria, só por isso, de grande utilidade. Minha intenção é provocar o leitor a abordar certos temas conhecidos por outros ângulos. Ou, ainda, levar em conta as experiências *vividas* pelos educadores para dialogar com teorias e pressupostos já consagrados.

Do mesmo jeito que as aulas não acontecem exatamente como as planejamos, este livro também não corresponde *exatamente* ao que imaginei no começo: o texto final preserva sempre certa autonomia em relação às intenções do autor. É que, no curso do diálogo que procurei travar com meus leitores imaginários, algumas ideias, alguns exemplos e questões foram se colocando e definindo os rumos e o tom desta *conversa*. Não me afastei, contudo, de um objetivo bem definido desde o começo: tratar dos temas sugeridos procurando fugir da fórmula do *"ou* isso *ou* aquilo". Estou convencida de que se quisermos avançar em nossas reflexões (e nas práticas) temos de considerar o fato de que, quase sempre, os dilemas e desafios da educação se colocam em termos de "isso" *e* "aquilo". Ou seja, para toda afirmação é sempre possível considerar o seu contrário. Em meu entendimento, "pensar *criticamente*" consiste em enfrentar (destemidamente) a tensão entre os opostos. Chamam a isso "dialética".

Organizei este trabalho em duas partes. Na primeira, que denominei de *Notas sobre educação e ensino,* meu objetivo foi colocar na pauta de nossa conversa temas que considero matérias-primas de qualquer fazer pedagógico. Abro estas reflexões por um caminho lúdico: faço uso do personagem "Pinóquio", do escritor italiano Carlo Collodi, para pensar o papel da escola e dos educadores na sociedade contemporânea na qual imperam o individualismo e o hedonismo exacerbados. No segundo capítulo, trato dos atos de ensinar e de aprender não como categorias "teóricas", mas como atividades eminentemente humanas que, por isso mesmo, sempre serão precárias e inconclusas. Também neste capítulo procurei problematizar a tese comumente aceita de que o *"aluno é o centro"* do processo educativo. Sustento que não é preciso discordar deste princípio para afirmar a centralidade do papel do professor na condução do processo de ensino. Isso e aquilo! O terceiro capítulo trata da questão da *autonomia* (moral e intelectual) como condição e consequência da aprendizagem, um conceito que, na prática, afeta as relações interpessoais que se estabelecem dentro da escola. Como todo professor sabe, quando tais relações não são bem resolvidas, é difícil concentrar-se na atividade principal que compete aos professores e à escola: *ensinar.*

A segunda parte do livro — *Teorias e práticas pedagógicas: questões (ainda) em aberto* — aborda temas de interesse e preocupação dos professores para o trabalho de sala de aula. Fiz questão de alertar o leitor, desde o início, acerca da impossibilidade de apresentar receitas ou fórmulas de fácil aplicação. Ensinar é ofício artesanal, único e intransferível. Sendo assim, e considerando que pudesse ser útil esclarecer e desmistificar alguns "jargões" e *"slogans"* pedagógicos que nos levam a insistir que a *"teoria na prática é sempre outra"*, coloquei em pauta conceitos e pressupostos das abordagens *"construtivista"* e *"socioconstrutivista"*, procurando evidenciar as diferentes implicações didáticas e pedagógicas para o trabalho do professor quando se toma, por exemplo, os pensamentos de Piaget e Vygotsky como referências teóricas equivocadamente compreendidas como "complementares".

Por fim, encerro as reflexões deste livro apontando similaridades e diferenças entre os atos de "brincar" e "aprender", considerando sobretudo a multiplicação de equívocos resultantes de certa apologia — típica da sociedade contemporânea — de que é *preciso* aprender brincando.

Antes que o leitor vire a página e comece a leitura, gostaria de acrescentar algumas palavras sobre o prazer que tive de escrever este livro e discutir certas questões de natureza "científica" sem a sisudez e a formalidade dos trabalhos acadêmicos. Como em uma aula ou numa boa conversa, tive a sensação de estar frente a frente com meus colegas (ou alunos) e travar com eles um diálogo franco e aberto sobre temas que nos afligem e preocupam no dia a dia deste ofício. Ficarei feliz se, ao final, o leitor tiver sido instigado a colocar *outras* perguntas para respostas já conhecidas.

Sanny S. da Rosa
São Paulo, primavera de 2011

PRIMEIRA PARTE

Notas sobre Educação e Ensino

Capítulo 1

Entrando na escola (hipermoderna) pelas mãos de Pinóquio

O passado não reconhece o seu lugar: está sempre presente.

Mário Quintana

O personagem dispensa apresentação. Quem não se lembra da marionete de madeira, cuja insolência tanto fez sofrer o generoso carpinteiro Gepeto, como também crescer-lhe incontrolavelmente o nariz? Impossível também não se lembrar das advertências certeiras do Grilo Falante e das providenciais aparições da doce Fada Azul nas horas de aperto, em meio às aventuras de Pinóquio na busca de prazeres e diversões que o desviavam do caminho da escola. Os representantes da crueldade, da contravenção, do engano e da esperteza — o terrível Tragafogo, do Grande Teatro; a Raposa e o Gato, do Campo dos Milagres; o juiz da cidade de Enrola-Trouxas e o Homenzinho, do País dos Brinquedos —, que cumprem a função de demarcar, com nitidez, as fronteiras entre o bem e o mal, são também indispensáveis componentes da narrativa.

Passado quase século e meio da publicação da obra literária — e "pedagógica" — do italiano Carlo Collodi, que mensagens e sentidos educativos podemos ainda extrair dela? Seria possível identificar, em aspectos não explorados desta fábula, vestígios das características da infância das crianças do século XXI? E o que dizer dos modelos pedagógicos, encarnados nos personagens pré-digitais desse conto de fadas: haverá algo neles que possa nos ajudar a refletir sobre "o que fazer da educação" em plena era tecnológica? Que fique clara, desde o início, minha intenção ao eleger esta temática "lúdica" para tratar de assuntos da educação atual: correr o risco de livre pensar sobre fragmentos da cultura contemporânea que afetam a empreita educativa e nos desconsertam no papel de educadores num mundo assustadoramente mutante e opaco à nossa compreensão. Nem que quisesse, portanto, poderia me comprometer com respostas certas ou definitivas. Posto isto, convido o leitor a aventurar-se nessa tentativa de reler Pinóquio com as lentes da sociedade "hipermoderna".

Começo com o esclarecimento da expressão recém--mencionada e que também aparece no título. *Hipermodernidade* é o termo que expressa o conceito formulado pelo filósofo francês Gilles Lipovetsky (2004) para se referir às mutações da modernidade (e da pós-modernidade) por efeito do consumo de massas e dos valores dele decorrentes, como o individualismo e o hedonismo exacerbados. *"Hiper-capitalismo, hiperclasse, hiperpotência, hiperterrorismo, hiperindividualismo, hipermercado, hipertexto — o que mais não é hiper?"* — questiona-se o filósofo, para em seguida esclarecer melhor o seu ponto de vista sobre os tempos que estamos vivendo:

Longe de decretar-se o óbito da modernidade, assiste-se a seu remate, concretizando-se no liberalismo globalizado, na mercantilização quase generalizada dos modos de vida, na exploração da razão instrumental até a "morte" desta, numa individualização galopante (Lipovetsky, 2004, p. 53).

Uma leitura apressada das considerações do autor poderia sugerir que os tempos atuais se distinguem dos *tempos modernos* — imortalizados no filme do cineasta britânico Charlie Chaplin (1936) — apenas pela exacerbação e velocidade com que vivenciamos os *mesmos valores*. Entretanto uma mudança qualitativa dos padrões de referência que os sustentam parece nos fazer crer que não estamos falando apenas de uma *evolução* do mesmo, mas de uma metamorfose que, preservando seus elementos de base, produz e apresenta *outra* substância, com *outra* aparência. A pergunta que decorre imediatamente parece óbvia: mas, então, o que permaneceu e o que mudou em nosso estilo de viver e de nos relacionarmos com o mundo e com os outros? Deixo a dica a cargo do autor, por me parecer que suas ponderações fazem muito sentido para o propósito de, mais adiante, retornarmos à análise dos personagens e episódios vividos nas *Aventuras de Pinóquio*:

[...] até então a modernidade funcionava enquadrada ou entravada por todo um conjunto de contrapesos, contramodelos e contravalores. O espírito de tradição perdurava em diversos grupos sociais: a divisão dos papéis sexuais permanecia estruturalmente desigual; a Igreja conservava forte ascendência sobre as consciências; os partidos revolucionários prometiam outra sociedade, liberta do capitalismo e da luta de classes; o ideal de Nação legitimava o sacrifício supremo dos indivíduos; o Estado administrava numerosas atividades da vida econômica. Não estamos mais naquele mundo (Lipovetsky, 2004, p. 53-4).

Não nos equivoquemos: o "mundo" a que se refere Lipovetsky coincide mais ou menos com aquele em que Pinóquio nasceu e cresceu com o propósito de se transformar num "menino de verdade". As referências do que isso significava nas últimas décadas do século XIX estavam ainda em processo de consolidação e permaneceram relativamente estáveis até a metade do século XX. Muita coisa aconteceu neste curto espaço de tempo, o que levou diferentes teóricos como Lyotard (2000), Lipovetsky (2004) e Bauman (2001) a tentar emoldurar essas transformações sob várias nomenclaturas: pós-modernidade, hipermodernidade, modernidade líquida, entre outras. Aos educadores preocupados em se localizar e compreender o contexto e a natureza dessas mudanças que afetam a fisionomia, a finalidade e a dinâmica das relações dentro da escola, reforço o convite para começarmos essa aventura pelas mãos de Pinóquio.

A dimensão "pedagógica" da obra de Collodi

A escolha do personagem não é original para tratar de assuntos da educação. Farei menção a dois outros trabalhos para demonstrar o que os amantes e teóricos da literatura já sabem sobejamente: sua riqueza reside no jogo que se estabelece entre o leitor e o texto. É essa característica eminentemente lúdica da literatura que promove o exercício criativo e de liberdade entre aquele que lê e a escritura. Dessa intertextualidade — sempre subjetiva, singular e única — somos brindados com a possibilidade de dialogar com inesgotáveis formas e perspectivas de análise e interpretações de um mesmo objeto.

Com o declarado propósito de contestar a dimensão moralista da história de Collodi, Rubem Alves escreveu *Pinóquio às Avessas* (1986) para, segundo ele, pagar uma dívida com as crianças. Nesta versão crítica à frieza e à disciplina "científicas" com que os conhecimentos e os alunos são tratados pela escola, as crianças de "carne e osso" saem transformadas em "boneco de pau". Aqui, os rituais e as rotinas escolares (modernos) — disciplinadores, por excelência, como já nos ensinara Foucault em *Vigiar e Punir* (1987) — são denunciados pelo educador e psicanalista como práticas que visam a "homogeneizar" os alunos e culminam com o esquecimento (e a morte!) da curiosidade e da ludicidade típicas da infância. Embora na narrativa original o autor não descreva o que se passa na sala de aula — uma vez que Pinóquio sempre "foge" ou adia sua ida para a escola —, fica subentendido que a rejeição da marionete pelos estudos se associa à ideia de submeter-se a um trabalho chato e repetitivo.

Dentro de um determinado contexto de crítica e denúncia das motivações ideológicas e dos abusos de autoritarismo cometidos por essa instituição e pelos professores, a paródia criada por Rubem Alves foi (e continua a ser, em muitos casos) útil e pertinente. Contudo a leitura em negativo de tal crítica, que prega e enaltece a escola e o aprender como território e prática de "puro prazer", pode produzir — e produz — efeitos que distorcem e desviam o entendimento da finalidade da escola e do papel dos educadores. Sabemos, hoje, que o transbordamento de críticas dessa natureza ajudou a inundar ainda mais o leito por onde navegam os valores hedonistas e imediatistas típicos da sociedade "hipermoderna". De tal forma que a grande questão que hoje aflige os educadores é como lidar com a violência, com a indisciplina, com o desinteresse e a insubordinação dos alunos. Será que essas preocupações também não afligiam a professora de Pinóquio?

O segundo trabalho a que me referi acima elegeu, especificamente, o par Pinóquio/Gepeto para ancorar certo argumento sobre *o ato educativo*, a partir de uma leitura psicanalítica de abordagem lacaniana. Neste trabalho, publicado em 2007, Conceição Aparecida Costa Azenha contrasta o par pedagógico de Collodi com outros relatos clássicos como o de Schreber, o de Itard e a obra literária de Frankenstein. A autora nos põe a par sobre o fracasso dos rígidos princípios e intentos educativos do médico e higienista alemão, o Dr. Schreber, com seus próprios filhos: um deles cometeu suicídio aos 38 anos, e o outro, apesar de ter tido uma carreira jurídica brilhante, foi vítima de um surto psicótico. Este caso, analisado por Sigmund Freud em artigo de 1911, nos dá "pistas para entendermos que os filhos do Dr. Schreber funcionaram como *objetos* para que ele convalidasse suas teorias, impossibilitando-os de se tornarem *sujeitos* de seu próprio desejo" (Azenha, 2007, p. 340).

Na mesma linha de raciocínio, a autora relata o caso do par Itard/Vítor, o primeiro sendo médico e ex-aluno do famoso psiquiatra francês Phillipe Pinel, e o segundo, um garoto selvagem encontrado nas florestas do sul da França com cerca de 15 anos de idade a quem Itard se propõe a educar, tendo por base "conhecimentos científicos". Mas, como o Dr. Schreber, também sem sucesso. Para a autora, "embora pudesse ter algum nível de compromisso com a educação de Vítor [...] o que nos salta aos olhos é que Vítor cabia *no umbigo dos sonhos de Itard*. Isso criava, portanto, um impasse para Vítor constituir-se como sujeito" (Azenha, 2007, p. 341-2). No campo da ficção, a autora ainda se refere ao famoso médico Dr. Frankenstein, que, em laboratório, juntando pedaços de corpos, criou não um "ser", mas um monstro. Estes três exemplos são contrastados com o par pedagógico criado por Carlo Collodi, com o objetivo de encontrar respostas para a seguinte questão: o que Gepeto pode nos ensinar? Para a autora, a grande diferença entre eles é que:

[...] Gepeto aposta em Pinóquio: leva-o para a cidade — pois sabe que é ali que ele poderia aprender a viver — e para a escola, para aprender com outras crianças. O marceneiro sábio acredita que na porta da escola não vai haver uma placa dizendo que lá não entram "cabeças de pau". Com essa atitude subjetiva, Gepeto concretiza em ato as condições para que Pinóquio consiga realizar sua promessa: tornar-se um menino de verdade (Azenha, 2007, p. 343).

Com esta atitude — materna, na visão da autora — despojada da arrogância de possuir um (suposto) saber (científico) a respeito do seu "filho" é que Gepeto é bem-sucedido no papel de educador, deixando para a escola o papel (social) de indicar o que é ou não permitido, por meio da transmissão da cultura. Em outras palavras, conclui Azenha:

Podemos pensar que o educador que não dá tudo pronto *deixa a desejar*. Deixa o aluno a desejar: na medida em o adulto não toma a criança como seu objeto de satisfação de seu desejo é que permite à criança desejar aprender; o aluno pode, por vezes, apaixonar-se pela paixão do professor em aprender/ensinar (Azenha, 2007, p. 344)

Como pudemos perceber, os *mesmos* personagens e a mesma história ensejaram leituras e interpretações diferentes, por ópticas diferentes. Rubem Alves vê Pinóquio como "vítima" das pressões e manipulações ideológicas de uma instituição opressiva (escola) cujo papel social é o de promover o consenso e a homogeneidade a partir da destruição das singularidades. Sua preocupação — legítima a meu ver — diz respeito ao risco que corremos de transformar crianças criativas em "marionetes". Por um caminho diferente, o raciocínio construído por Azenha nos conduz a um Pinóquio "privilegiado" pelas condições que lhe são dadas e pela aposta de Gepeto não apenas em seu filho, mas na escola como instituição capaz de humanizá-lo por meio da transmissão da cultura. Quem estaria com a "verdade"? Desafio o leitor com este debate, adiantando que minha suspeita é que por ambos os caminhos podemos encontrar fragmentos daquilo que buscamos.

Entretanto, como a realidade, a história de Pinóquio é muito mais complexa, cheia de percalços, de idas e vindas, travessuras e arrependimentos, irreverência, arrogância, inocência e esperteza, traições e lealdade, promessas e descumprimentos, deslizes, tentações, chantagens e manipulações. Parafraseando Nietzsche, nosso personagem é *humano, demasiadamente humano*, para quem começou como um simples pedaço de pau. Entretanto, ainda que todas essas características possam ser definidas como atributos de uma "natureza" humana (universal, portanto), o fato é que elas adquirem sentidos e dimensões muito diferentes em função do contexto em que se manifestam. Certamente as travessuras praticadas por Pinóquio numa longínqua e hipotética aldeia italiana do final do século XIX não têm a mesma inocência e o mesmo peso social de atos violentos e antissociais cometidos tanto por crianças vítimas da pobreza, mas também daquelas vitimadas pelo abandono, fruto do excesso e da abundância.

Para não perder o fio da meada, retomo as questões que deixei em aberto no começo. Meu objetivo era ir atrás de possíveis mensagens e sentidos educativos *ainda* atuais na fábula de Collodi. Perguntava-me também se seria possível identificar, em Pinóquio, vestígios da infância das crianças do século XXI. E por fim, em quais personagens encontramos modelos "pedagógicos" que nos ajudem a pensar "o que fazer da educação" na sociedade "hipermoderna" descrita por Lipovetsky. O desafio é grande, mas divertido. Novamente convoco o leitor a prosseguir nessa "aventura", para a qual lançarei mão de três versões da mesma história: a do próprio Collodi, publicada pela primeira vez em 1883; a de outro autor italiano, Giorgio Manganelli, cuja obra *Pinóquio: um livro paralelo* refaz a narrativa original desvendando novos sentidos filosóficos e morais do boneco; e, por fim, da versão cinematográfica da fábula, dirigida e interpretada por Roberto Benigni, muito próxima à versão do desenho animado produzido e popularizado pela Walt Disney.

Pinóquio, "filho" de Carlo Collodi

Embora a indústria de cinema produzida por Walter Elias Disney (1901-1966) tenha sido responsável pela popularização de Pinóquio em todo o mundo, o fato (desconhecido por muitos) é que seu "pai" intelectual foi um funcionário público e jornalista, oriundo de uma família pobre da cidadezinha de Collodi, na região de Florença. Conta-se que os pais de Collodi eram servos do Marquês Lorenzo Ginori (Jack Zipes, apud Silva, 2008), que custeou seus estudos em um seminário até ele completar 18 anos de idade. Interrompendo a vida religiosa, Carlo Collodi trabalhou em uma conceituada livraria, onde, em contato com intelectuais e escritores, despertou seu interesse pela literatura e pela política, numa época de efervescência social anterior à unificação do Estado italiano.

Nessa época, praticamente não havia livros escritos para crianças, até porque a ideia de "infância" estava se solidificando no interior do processo de industrialização e urbanização pelo qual passava a sociedade europeia da segunda metade do século XIX. Quem contou muito bem esta história foi o historiador francês Phillipe Ariès (1981), que, por meio de seus estudos sobre a vida cotidiana da Idade Média e do início da era moderna, nos ensina também que a escola, tal como a conhecemos hoje, foi o espaço especialmente desenhado para cuidar da educação das crianças, preparando-as para a vida adulta. Para que se transformassem não só em meninos, mas em "adultos de verdade"!

Pinóquio é "concebido", portanto, numa época contemporânea à emergência do sentimento da infância e da percepção de que as crianças deveriam ser tratadas de forma diferente dos adultos. De acordo com Silva, "uma vez criado este conceito, a Igreja, os moralistas e os pedagogos se sentiram responsáveis pelo desenvolvimento espiritual e intelectual desses pequenos seres. Eles acreditavam que as crianças precisavam de educação e disciplina e viram na literatura infantojuvenil um veículo para isso" (2008, p. 175). Deste ponto de vista, Rubem Alves tem razão de associar a história da marionete de madeira à clara intenção de ajustar as crianças ao projeto político e social da modernidade! A história de Pinóquio, aliás, é repleta de exemplos do que pode ser chamado de uma "moral burguesa", ainda fortemente marcada por valores cristãos. Analisando a fábula, Silva destaca estes dois aspectos presentes no discurso de Collodi:

[...] a presença de um espírito cristão, representado na exaltação de virtudes básicas como a resignação, a paciência e uma busca pela bem-aventurança eterna após muito sofrimento terreno e a ênfase no espírito liberal-burguês, representada na exaltação de um individualismo generoso e empreendedor. Esses dois pontos são embalados por uma atmosfera marcada pela tristeza e pela dor, enfatizando a injustiça do explorador e a superioridade humana do explorado. (Silva, 2008, p. 177)

Para este autor, o processo de amadurecimento da marionete expressa aspectos da vida de Collodi, representante que foi de uma sociedade que começava a romper com uma cosmovisão aristocrática. *"Era uma vez... um pedaço de pau".* É assim que começa a fábula, frustrando a expectativa do leitor de encontrar *um rei.* Como bem observa Manganelli, "o fabulista nos avisa que no lugar do rei há um *simples pedaço de madeira de queimar"* (2002, p. 9). Em outras palavras, o "herói" da narrativa não pertence à nobreza, é uma criança pobre, comum, e, por isso mesmo, *precisa* ir à escola e trabalhar *para ser alguém na vida.*

É com este discurso que — *ainda* — nos dirigimos às crianças ("hiper"-modernas) toda vez que nos perguntam por que precisam ir para a escola. Não estou bem certa de que continuamos convincentes, mas o fato é que, a despeito das mudanças ocorridas na fisionomia e na dinâmica escolar, seu "formato" e sua "finalidade" continuam sendo legitimados *pelo* e *no* discurso contemporâneo. Algo para se pensar! Como observei antes, não sabemos, pela história de Pinóquio, como era a escola. Mas aposto que todos conseguem imaginar uma sala de aula muito bem organizada, com carteiras de madeira enfileiradas, onde alunos acompanham, disciplinadamente, os movimentos, os gestos e as orientações de um(a) professor(a) que, ora doce, ora energicamente, requer a atenção dos alunos para a lição esteticamente bem desenhada na lousa.

Eis uma sala de aula tipicamente moderna, onde os corpos, os espíritos e as mentes podiam ser "enquadrados", na expressão de Lipovetsky, uma vez que "todo um conjunto de contrapesos, contramodelos e contravalores" ainda perdurava para "entravar" o galopante apelo ao individualismo, à competição desenfreada e à satisfação imediata de impulsos (mais do que desejos!) que caracterizam e orientam nosso estilo de vida hoje, tão freneticamente distinto daquele em que Pinóquio viveu e cresceu. No entanto, observando bem, penso que é possível identificarmos nas desventuras daquele boneco de pau alguns "vestígios" (ou, embriões?) da lógica que organiza a dinâmica das relações entre adultos e crianças no mundo atual e que, em certa medida, podem ajudar a compreender a gênese de alguns tantos conflitos, dilemas e desafios a que estamos expostos no cotidiano escolar em pleno século XXI.

Do pedaço de toco ao "nascimento" de Pinóquio: Gepeto, pai ou pedagogo?

A partir de agora, pretendo analisar como se constitui e qual a dinâmica da relação que se estabelece, desde o começo, entre Pinóquio e Gepeto. Meu objetivo é responder à questão que norteia este tópico: Gepeto pode ser visto no papel de pedagogo? Para isso, relembremos como tudo começa. A primeira cena do filme de Roberto Benigni (2002) retrata, de maneira bastante fiel, o "espírito" daquele toco de madeira que, de repente, irrompe numa pacata cidadezinha chocando-se, alopradamente, contra transeuntes, desbancando barracas de feira, debatendo-se (aparentemente) desgovernado até chegar ao seu destino: uma oficina de carpinteiro. O filme, neste ponto, suprime parte da narrativa original, pois não nos conta que, antes de se "apresentar" a Gepeto, o toco vai parar na marcenaria do Mestre Cereja. Este se arrepia frente ao fato insólito de que aquela madeira... *falava*!

Na versão original, Mestre Cereja é "salvo" pela chegada de Gepeto, descrito pelo autor como um velhinho "birrento" que, quando provocado pelas crianças, virava uma "fera". Logo se vê a distância entre estes traços "humanos" do personagem e a serena "meiguice" e "subserviência" retratadas no desenho animado da Disney. A ambivalência dos personagens criados pelo autor italiano, aliás, os faz muito mais ricos e interessantes do que nos leva a crer o enlatado americano. Mas, como ia dizendo, Gepeto chega à oficina do colega com um propósito muito claro: *"Pensei em fazer eu mesmo um boneco de madeira; mas um boneco maravilhoso, que saiba dançar, esgrimir e dar saltos mortais. Com esse boneco quero correr o mundo para ganhar um peda-*

ço de pão e um copo de vinho; o que o senhor acha?" (Collodi, 2002, p. 14). Após uma discussão acalorada entre os dois — saborosamente italiana! —, Gepeto vai embora, carregando o seu "projeto" embaixo do braço.

Interessa-nos examinar, assim, como se constituem as relações entre Pinóquio e Gepeto. Para Manganelli, elas não nascem "idílicas". Pinóquio é agressivo, implicante. Gepeto parece desconfortável na posição de pai. Mais do que uma escolha, esta é uma condição que lhe foi imposta pela marionete e na qual é pego quase que "desprevenido". Lembremos que o velho marceneiro tem espírito adolescente: queria "correr mundo", aventurar-se, por isso cogitou fazer *para si* o boneco. É só no momento em que esculpe o boneco, libertando-o de seu invólucro natural, que Gepeto se refere a ele como "filho". De repente, pelos olhos de Manganelli, o pedaço de madeira "o torna criador e, portanto, responsável" (2002, p. 21). Gepeto precisa aprender a exercitar a *paternidade* daquela marionete.

De marionete, aliás, Pinóquio tem muito pouco. Ao contrário, enquanto o pedaço de toco é transformado em boneco de pau, já se manifestam a insolência, a arrogância e teimosia que caracterizam o personagem. E de várias maneiras: a boca debocha, a língua se mostra, as mãos roubam, dá pontapés, enquanto seus grandes olhos desafiam o "pai" de modo incisivo. Isso sem falar de seu impertinente nariz que, recém-feito, "começou a crescer: e cresceu, cresceu, em poucos minutos ficou um narigão que não tinha fim." (Collodi, 2002, p. 19). "Sem esse nariz Pinóquio é impensável", assinala Manganelli (2002, p. 25).

A história vai ficando mais complicada do que se imaginava à primeira vista. Afinal, não seria muito mais simples assumir Gepeto como *pai* de Pinóquio? Não é assim que ele é apresentado nesta fábula? Sem dúvida, é neste papel que Gepeto se autorreconhece. Mas isso não é suficiente para afirmarmos que Gepeto desempenha uma *função paterna* na relação com Pinóquio. Precisamos descobrir que lugar Gepeto ocupa na vida (e na subjetividade) de sua marionete. No estudo anteriormente mencionado, Azenha sugere que Gepeto ocupa um lugar "materno":

> Pela psicanálise, sabemos que é pela função materna que um ser deixa de ser puro organismo para se tornar um sujeito. O sujeito é a resposta do real ao significante: é efeito da captura que o simbólico (a linguagem) opera sobre o real de um organismo, a partir do imaginário materno (Azenha, 2007, p. 344).

Ao especular sobre as origens daquele pedaço de madeira, Giorgio Manganelli assim sugere:

> E de onde vem? Não é verossímil que, aos trancos e barrancos, pueril e cabeçudo, mas fatalmente movido, tenha chegado aqui por montes e vales, depois de ter se separado da matéria inicial de uma floresta *materna*? Logo o saberemos capaz de arrancos desajeitados, e foi provavelmente desse modo que se desprendeu de uma *árvore-mãe* e se movimentou em busca de uma oficina recendendo ao cheiro *fraterno* de todas as formas e modos da madeira (Manganelli, 2002, p. 10; grifos nossos).

Considerando que é Gepeto quem, além de assumir todos os cuidados e satisfazer às necessidades de "seu" boneco (como uma boa mãe), é também quem o inscreve no mundo simbólico (linguagem) ao nomear-lhe "Pinóquio", é razoável pensar que, de fato, Gepeto ocupa uma função materna. A função paterna, em contraste, é eminentemente "civilizatória", o que quer dizer que o Pai representa a Lei. É dele a tarefa de interromper a (aparente) perfeita relação de complementaridade entre a mãe e *seu* bebê. Pela interdição paterna, se desfaz a dupla narcísica "mãe-filho", introduzindo-se nessa "fissura" o universo simbólico da "cultura", com todas as suas regras e regulações.

Assim, o recém-chegado "sujeito" ao círculo social vai se dando conta, por meio dos muitos "nãos" (interdições), que daí em diante passará a ouvir, que para além dele existe o *outro*. Um *outro* que representa todos os *outros* — ou o grande *Outro* de Lacan —, que terá de reconhecer, respeitar e ao qual deverá submeter-se. Em suma, este grande *Outro* nada mais é que "a ordem simbólica da cultura, a constituição não escrita da sociedade", no dizer de Slavoj Zizek, "a segunda natureza de todo ser falante" (Zizek, 2010, p. 16).

Ora, Gepeto decididamente não cumpre este papel. Embora se "queixe" das impertinências de Pinóquio, no fundo as acolhe, carinhosamente, como uma "boa mãe" faria. Na primeira travessura do boneco de pau, que lhe valeu uma noite na prisão, Gepeto sequer o repreende pelo mal que lhe fez sofrer. Ao contrário, ao voltar para casa e ver seu pobre filhinho chorando — porque havia queimado os pés no braseiro —, se enche de compaixão e, enternecido, fabrica-lhe novos pés. E, como estivesse com muita fome (motivo pelo qual Pinóquio alegou ter matado o Grilo Falante), Gepeto lhe dá três peras. "Não sem antes informá-lo de que, dando-as, ele renuncia a comer", como bem observa Manganelli. Resposta do boneco exigente: "se quer que eu as coma, faça-me o favor de descascá-las [...] não suporto as cascas!" (Manganelli, 2002, p. 44).

Quem não reconhece, nessa atitude arrogante e "mimada" do boneco, o modo como muitas crianças (hoje) buscam submeter os adultos — pais, professores, empregadas, babás (que existem e atuam não só nos condomínios de luxo, mas também nas casas humildes das periferias) — aos seus caprichos egoístas? Pois é, e Gepeto se comporta mais ou menos do mesmo jeito que os adultos (de hoje!) que simplesmente não conseguem opor resistência à tamanha ousadia dos pequenos. E por que não? É esta a pergunta que precisamos fazer, em vez de apenas insistirmos na indagação: o que acontece com "as crianças de hoje em dia"?

O senso comum diz que é culpa da televisão, da internet. Educadores, psicanalistas, sociólogos responsabilizam o que chamam de processo de "psicologização" das relações humanas e sociais resultante da disseminação e popularização de teorias psicológicas produzidas do século XX. Faz sentido: é do que vivem a maioria dos "manuais" de aconselhamento a pais, professores, educadores em geral e que podem ser encontrados em qualquer esquina. Mas e o que dizer de Gepeto, que viveu bem antes da construção de tais "saberes" sobre o psiquismo e o desenvolvimento humano? Admito que a pergunta é capciosa.

Para ajudar na construção do raciocínio que proponho a seguir, recorro novamente a Manganelli. No capítulo sobre o "nascimento" de Pinóquio, ele diz: "Se a marionete é um projeto mágico [de Gepeto], o *assentimento* do 'pedaço de madeira' é que vai dar partida na história" (p. 20, grifo meu). Ou seja, é o filho que faz o pai. Explico melhor: a condição de "adulto" não é suficiente para que saibamos *agir* como pais. Esta é uma aprendizagem contemporânea ao nascimento da criança. Mais do que o nascimento de uma criança, o que está em jogo aqui é o nascimento da *ideia* de criança que, como já dissemos, é um conceito "moderno". Não existia na Idade Média.

Não é demais recordar que, durante muitos séculos, assim que aprendiam a falar, os pequenos eram afastados dos pais e colocados aos cuidados de outros adultos da comunidade local para aprenderem hábitos comuns como comer, vestir-se, etc. Por volta dos 7 anos, já iniciados no jogo dos adultos, voltavam para casa e para o convívio de suas famílias. Acontece que o adulto (moderno) não sabia muito bem o que significava ser e agir como tal, pai, responsável. Ao longo da Idade Média, a educação foi tarefa da Igreja, e somente na Modernidade é que foi assumida pela família nuclear e pelo Estado. A escola, obrigatória a partir da Revolução Francesa, é a instituição que vai se ocupar deste *fim* e *bem* público, como parte do processo de consolidação da era moderna.

Como pai e cidadão típico dessa época, como já dissemos, Gepeto foi pego "desprevenido". Mas embora não soubesse muito bem como assumir tal responsabilidade (privada), já sabia que competia à escola (como espaço público) cumprir essa tarefa. Daí sua insistência, seu empenho e sacrifício para *conduzir* Pinóquio para a escola. Calma! Creio que temos aqui uma boa chave para começar a responder a pergunta que norteia este tópico. *Conduzir* é o verbo que está na origem etimológica da palavra "pedagogo" e "pedagogia" — em grego, *paidós* (criança) e *agogé* (condução). Na Grécia antiga, como nos ensinam muitos estudos sobre história da educação, o pedagogo era exatamente aquele (em geral um escravo) a quem competia conduzir a criança no trajeto entre o espaço privado (da família) e o público (o do convívio social).

Neste sentido, Gepeto cumpre, sim, um papel pedagógico importante, se entendermos como "pedagógicos" os seus esforços na direção de fazê-lo crescer e tornar-se "um menino de verdade". Contudo, uma leitura mais atenta da trajetória de Pinóquio nos faz pensar que os efeitos educativos que o tornaram um "menino de verdade" não se devem tanto à ação direta do carpinteiro, mas à evocação de sua *figura paterna* presente no discurso de outros personagens "pedagógicos" desta fábula. Em particular, o Grilo Falante e a Fada Azul, de quem trataremos a seguir.

O Grilo Falante e a Fada Azul: representantes (pedagógicos) da modernidade

A primeira vez que o conhecido Grilo Falante entra em cena é quando Pinóquio volta para casa, esbaforido, após ter logrado escapulir, primeiro das mãos de Gepeto (assim que concluíra os seus pés) e depois de um "guarda" — primeiro representante da ordem social — que leva o marceneiro para a prisão. Tão logo chega à modesta casinha que, a tomar pela descrição do narrador, localiza-se distante da aldeia, Pinóquio vê a porta "entreaberta", entra e em seguida fecha-a passando um ferrolho. Joga-se no chão e dá "um grande suspiro de felicidade". Como se estivesse sozinho e a casa fosse toda sua! É quando ouve um "cri-cri-cri"... Era o Grilo Falante que se apresentou como habitante daquela casa "há mais de cem anos". Esta introdução nos faz discordar da tese de que o Grilo representa a "voz da consciência" de Pinóquio. Parece melhor representante de uma certa "tradição" cultural. Seu discurso oscila, como foi dito, entre a moral católica e a burguesa. E ambas "irritam" sobejamente a marionete. Vejamos como isso se passa.

Ignorando o direito adquirido do Grilo àquela moradia, Pinóquio declara assertivo: *hoje, porém, este quarto é meu... vá embora!* Ao que o Grilo responde inconteste: *não sem antes lhe dizer uma grande verdade*. E assim disfere sua primeira lição pedagógica: "ai daqueles meninos que se revoltam contra os seus pais e que abandonam, por teimosia, a casa paterna. Não farão nada de bom neste mundo e cedo ou tarde haverão de se arrepender amargamente" (Collodi, 2002, p. 24). Há aqui inúmeros elementos da tradição cultural a que me referi acima. Primeiro, o tom de "sentença" com que é apresentada aquela "verdade". Fica evidente que o Grilo não apenas tem a intenção de "ensinar" algo a Pinóquio, mas alertá-lo sobre as regras morais de convívio social então vigentes. Em seguida, evoca aquele a quem compete ser o guardião da Lei: a autoridade paterna. É claro que, embutido na mensagem do Grilo, há um forte apelo ao "sentimento de culpa" do boneco, herança da tradição cristã, sobre a qual se constituiu a modernidade. Finalmente, o vaticínio do fracasso e do arrependimento com que Pinóquio será punido, caso não mude de comportamento em relação ao Pai. Palavras típicas de pedagogos (modernos) também notadas por Manganelli nesta passagem:

> E por que o Grilo continua a confundir "meninos" com "marionetes"? Claro, é um pedagogo: não lhe interessam as distinções, meninos e marionetes são pequenos seres que é

preciso educar, ensinar a agir como se fossem velhos, ponderados, debilitados, sedentários, moribundos. (Manganelli, 2002, p. 31)

Como se vê, este autor identifica o Grilo no papel de pedagogo. Mas é preciso acrescentar que um pedagogo tipicamente moderno tinha a missão de disciplinar as crianças — meninos ou marionetes — para que se tornassem "adultos". O sentido mais preciso dessa expressão diz respeito à capacidade de fazer "uso da razão", como assinalou Kant (2011). Atingir a maioridade é isso, na concepção moderna do termo. Mas Pinóquio não estava nem aí para tanta falação: *meu querido Grilo, você pode dizer o que bem entender... eu quero ir embora daqui, porque, se eu ficar, vai acontecer comigo o que acontece com todos os outros meninos... me mandarão para a escola*. Como bem observa Manganelli (ibid., p. 31), *"Pinóquio não quer crescer"*.

O astuto boneco intuía que crescer significava abrir mão do "ofício" que, segundo ele, era o que mais lhe aprazia: comer, beber, divertir-se e *levar de manhã à noite a vida do vagabundo*. Evidente que o Grilo não tinha lido Foucault, mas conhecia muito bem o destino daqueles que praticam esse ofício: "acabam quase sempre no *hospital ou na prisão*"! Tal ameaça pareceu demais a Pinóquio. Armado de toda a sua fúria e de um martelo de madeira, não teve dúvida: esmagou o grilo contra a parede! A morte do Grilo Falante está na origem de toda uma série de sentimentos tipicamente *humanos* vividos daí em diante pela marionete em suas (des)venturas: fome, arrependimento, culpa e hesitações frente à necessidade de escolher entre os caminhos do bem e do mal.

Não por acaso "compreende" a atitude do pai de vender a jaqueta que lhe protegia do frio em troca de uma cartilha escolar. Por isso, enternecido, Pinóquio faz a si mesmo uma série de promessas: ser obediente, aprender a ler e escrever, fazer contas a fim de ganhar dinheiro e recompensar o sacrifício de Gepeto. No entanto, não consegue sustentar tais promessas. Cede sempre às tentações dos caminhos mais curtos — e "rentáveis" — para fruir de uma vida de prazeres e de abundância. Quem não se lembra das inúmeras confusões em que o boneco de pau se verá envolvido até o fim da história? Mas, por sorte, não estava sozinho em suas desventuras. A Fada Azul, com a bondade e "toda a paciência de uma mãe" — no dizer de Collodi —, iria acolhê-lo, protegê-lo e, acima de tudo, dar-lhe boas *lições* até que se tornasse um menino de verdade.

Contudo há uma diferença no modo como a Fada exerce o seu papel pedagógico. Diferente do Grilo Falante e de Gepeto, ela não discursa, mas *atua* frente às manhas e aos caprichos do boneco, produzindo efeitos educativos incontestes sobre Pinóquio, com energia e afeto. Como na passagem em que consente em dar-lhe um torrão de açúcar para que tomasse o remédio "amargo" que o salvaria da morte. Diante da recusa do boneco, a Fada não teve dúvida: acionou quatro coelhos pretos que *traziam aos ombros um pequeno caixão de defunto*. A morte avizinha-se como algo *real*, e não como efeito de uma fala. Pinóquio, então, resigna-se, toma o pozinho amargo e sobrevive. Depois, rindo, assiste crescer-lhe o nariz, em consequência das sucessivas mentiras que conta sobre os episódios em que se meteu na companhia da Raposa e do Gato na tentativa de multiplicar as moedas de ouro no Campo dos Milagres. Collodi nos informa que a fada *deixou que o boneco chorasse e berrasse por uma boa meia hora até que corrigisse o vício feio de contar mentiras*. Da mesma forma, em suas outras aparições na pele de diferentes personagens, a Fada Azul aponta sempre para "um destino amoroso", como observa Manganelli (2002, p. 120), que se vislumbra como recompensa pelos infortúnios que ainda haveria de passar. O papel "pedagógico" da Fada se cumpre no adiamento da gratificação que impõe ao boneco. Pinóquio vive, pela primeira vez, a tensão entre o "princípio da realidade" e o "princípio do prazer" de que fala Freud (1996, v. XI).

O final da fábula é recheado de lições morais e evocações aos valores da civilização moderna, cristã e ocidental. Mas o que gostaria de salientar aqui é o sentido simbólico que podemos extrair da mensagem central da narrativa de Collodi: para que Pinóquio se tornasse um "menino de verdade" foi preciso "salvar o pai". Vimos antes que, pelas lentes da psicanálise, este "pai" é o representante da Lei ou, ainda, da "constituição não escrita da sociedade" a que todos — inclusive Gepeto — precisam se submeter se quiserem preservar o sentido (pedagógico) da Cultura (o grande *Outro*, lacaniano).

Talvez esta seja a "senha" de que precisávamos para sintetizar a mensagem educativa desta fábula: a condição de todo *ato educativo* é que esteja referenciado na existência do *outro*. Pois é a alteridade que retira o sujeito de sua condição natural (madeira bruta) para humanizá-lo. E esta é uma conquista — como parece ter aprendido Pinóquio — que não se dá sem renúncias e não se faz sem esperas e adiamentos. O mesmo se aplica à atividade de aprender, que demanda tempo e capacidade de resistir a frustrações.

Pinóquio: herói da era do vazio?

"Os adultos, hoje, já não educam mais as crianças!" Esta é a mensagem que subjaz às inúmeras críticas à permissividade das relações entre eles, tanto na família como na escola. Este discurso, feito em tom melancólico e saudosista, explica o grande sucesso de *best-sellers* "pedagógicos" que visam a resgatar a "autoridade" dos educadores. Nem tanto ao mar, nem tanto à terra. Muitos avanços e direitos foram conquistados neste campo, decorrentes de uma melhor compreensão das características de crianças e adolescentes, e que não podem ser despejados junto à "água suja do banho", como se diz.

Não é o caso de encontrar os "culpados" pelo atual estado de coisas. Este seria, sem dúvida, um caminho mais "fácil". Talvez seja necessário ampliar o *zoom* de nosso campo de visão para apreendermos melhor alguns fenômenos "hipermodernos". Hoje, as disputas entre as esferas pública e privada sobre a tarefa educativa se acentuam na medida em que a sociedade capitalista e seus valores privatizantes e individualistas se tornaram mais complexos, sobretudo a partir da segunda metade do século passado. Uma das consequências mais preocupantes de tais mutações, no campo da educação, é que as instituições sociais tipicamente modernas (família, escola, Estado) não têm cumprido o papel de promover laços sociais sólidos capazes de vincular os indivíduos a valores e ideais coletivos e universais. Neste trecho do livro de Lipovetsky sobre a "era do vazio", o autor nos dá pistas dos ingredientes básicos destas mutações:

O ideal moderno de subordinação do individual às regras racionais coletivas foi pulverizado; o processo de personalização promoveu e encarnou maciçamente um valor fundamental, o da realização pessoal, do respeito pela singularidade subjetiva, da personalidade incomparável, sejam quais forem, sob outros aspectos, as novas formas de controle e homogeneização simultaneamente vigentes. Sem dúvida, o direito de o indivíduo ser absolutamente ele próprio, de fruir ao máximo a vida, é inseparável de uma sociedade que erigiu o indivíduo livre em valor principal e não passa de uma última manifestação da ideologia individualista. (Lypovetsky, 1983, p. 9)

Vivemos o imperativo de promover o singular, o diverso, a diferença — versões (privatizantes) do hiperindividualismo —, o que contribui para a fragilização dos valores e ideais coletivos e universais. No plano das relações familiares, hoje concebidas sob os mais variados formatos e organizações, prevalece também o culto ao individualismo e à eterna juventude. Como Gepeto, muitos pais se comportam como "adolescentes" e têm dificuldade para opor resistência à ousadia dos pequenos. A respeito disso, Azenha observou:

> Podemos acrescentar aqui toda a dificuldade de se apontar, nos dias de hoje, quem é a criança e quem é o adulto, na medida em que os mais velhos engendram várias transformações em seus corpos para parecerem mais novos [...]. Por outro lado, as formas de vestir das crianças estão cada vez mais *adultizadas*. Neste sentido, cotidianamente temos a sensação de receber uma mensagem dos adultos que parece dizer: "não vale a pena envelhecer" [...] Ao mesmo tempo, denegam tal sensação em relação às crianças "apressando seu crescimento", seja nas roupas modelo adulto que

compram para os pequenos usarem, seja em autorizações precoces [...] Tais atitudes geram, não poucas vezes, uma tensão psíquica inexistente em outras épocas da História. Exemplo disso é o índice alarmante e crescente de uso de antidepressivos em crianças menores de cinco anos de idade. (Azenha, 2007, p. 345)

Na esfera das relações sociais e da política, assiste-se à intensificação do interesse público e dos discursos sobre as questões raciais, de gênero e de religião, entre outras *diferenças* que passaram a constituir as identidades coletivas. Enquanto isso, como assinalou Dupas (2003, p. 61), a liberdade parece possível unicamente na esfera privada, levando à progressiva privatização da cidadania. Acompanhando essa tendência, a escola contemporânea é fortemente privatista, tanto em seus ideais como nas relações intersubjetivas que promove. A maioria dos educadores (hipermodernos) não se cansa de repetir e reproduzir a máxima segundo a qual o conhecimento é construção de um sujeito "singular", "único", relegando ao segundo plano a noção de que se trata de um processo coletivo e histórico. De outro lado, o conhecimento foi reduzido à uma dimensão utilitária, como sinônimo de acesso a informações instantâneas, por meio de dispositivos individuais e individualizantes — *notebooks, tablets, celulares* — que exigem o domínio de uma linguagem universal posta à disposição na "nuvem" do ciberespaço. No entanto, como observou Zizek, "quanto mais acesso ao espaço público universal o usuário individual tem, mais esse espaço é privatizado" (2010, p. 9).

O *currículo oculto* da escola de que falava Apple há já algum tempo (1982) cumpre hoje nova função: o de difundir a crença de que vivemos uma era pós-ideológica em que a "mobilização capitalista da capacidade produtiva de uma sociedade também pode servir a metas ecológicas, à luta contra a pobreza e a outros fins meritórios" (Zizek, 2010, p. 40). Assim, diferente da escola de Pinóquio, a escola atual não mais se refere a um ideal civilizatório comum, ou a um projeto de transmissão e acumulação de conhecimentos, como bem público.

O sistema escolar é cada vez menos uma rede compulsória elevada acima do mercado e organizada diretamente pelo Estado, portadora de valores esclarecidos (*liberté, égalité, fraternité*); em nome da fórmula sagrada de "menor custo, maior eficiência, vem sendo cada vez mais tomado por várias formas de PPP (parceria público-privada). (Zizek, 2010, p. 10)

A *qualidade* da educação também foi reduzida a uma questão técnica, de *gestão*. Como instituição estruturante de laços sociais, a escola perde força na medida em que se vê obrigada a estimular a competitividade de todos os seus integrantes. Pressionada por mecanismos que lhe são externos, a qualidade dos "serviços prestados" é medida por indicadores nitidamente inspirados nos modelos de gestão empresarial. Não escapam dessa roda-viva professores movidos a "bônus" por sua "produtividade" e alunos, por meio de perversos mecanismos de medição de seu desempenho em exames e avaliações estandardizados. Somos obrigados a dar a mão à palmatória às críticas de Rubem Alves: estamos sendo transformados em fantoches, verdadeiros "bonecos de pau".

Como bem observou Manganelli (2002, p. 10), aquele pedaço de pau era titular de um destino misto e dramático:

o de madeira a ser consumida e queimada, ou o de ser "trabalhada". Ao salvar Gepeto, retirando-o de dentro do grande "monstro do mar", Pinóquio, sem o saber, emerge como grande herói da "era do vazio". Pois, como vimos, nosso personagem, mesmo tentado a ceder às sedutoras promessas (imediatistas) de autorrealização individual por meio de atalhos, Pinóquio opta pelo caminho mais longo: o de sua humanização. Decide, assim, ir para a escola, para aprender e trabalhar como todos os outros meninos. Disse antes, em algum lugar destas meditações, que continuávamos a fazer este mesmo discurso hoje, em plena hipermodernidade. Resta-nos avaliar, com cuidado, se o que temos a oferecer aos Pinóquios contemporâneos se trata (ou não) de uma "escola de verdade".

Capítulo 2

Ensinar e aprender: uma relação *não* necessária

Feliz aquele que transfere o que sabe e aprende o que ensina.

Cora Coralina

Tornei-me professora ainda jovem, na casa dos 20 anos. Lá se vão, hoje, mais de três décadas de exercício de uma profissão sobre a qual minhas expectativas e meus julgamentos se modificaram algumas vezes. Conservo, entretanto, duas convicções sobre o ofício de ensinar. A primeira é que se trata de uma das mais importantes práticas humanas, pela possibilidade de abrir ao *outro* a experiência do conhecimento. A segunda é que não temos nenhuma garantia e nenhum controle sobre os efeitos que essa prática produz. Explico melhor.

Aprender é uma experiência que, mesmo quando solitária, pressupõe a participação do Outro. Este "o" maiúsculo indica que não estamos falando necessariamente da ação de alguém em particular, mas da presença anônima dos homens nos elementos disponíveis na cultura. Um simples jarro, uma chave, um livro contêm, em si, grande parte da história e do conhecimento produzido pela humanidade. Para conhecê-los, porém, não é suficiente vê-los ou tocá-los. Sua mera existência não nos dirá absolutamente nada até que alguém os nomeie para nós, conte-nos sua história ou demonstre, pelo exemplo, sua utilidade e função social.

Isso significa que o nosso contato com o mundo (da natureza e das coisas), diferentemente de outros animais, não se dá diretamente com ele. É sempre *mediado* pelos objetos (ferramentas) e símbolos (linguagens) criados e produzidos pelos homens em sociedade. Por isso, o que aprendemos e, por consequência, a compreensão que aos poucos vamos formulando sobre a realidade do mundo são marcados pela herança cultural e pela história do grupo ao qual ocorreu pertencermos quando de nosso nascimento.

Assim, nossa filiação a um determinado grupo familiar e social depende, primeiro, que um *outro* nos reconheça como tal. Nossa subsequente participação nos desdobramentos dessa mesma história requer que alguém se encarregue de nossa educação. A partir do estabelecimento de laços afetivos e sociais, contraímos perante a esse mesmo grupo uma espécie de "dívida simbólica" pela qual nos comprometemos a transmitir, às próximas gerações, restos dessas mesmas marcas: os conhecimentos e valores de *nossa* cultura. A primeira convicção de que falei — sobre a importância do ato de "ensinar" — provém dessa premissa básica: o reconhecimento da necessidade de que alguém adulto — pai, mãe e, mais adiante, um professor — precisa se responsabilizar pela tarefa educativa. Isto é, por preservar e ampliar nossa memória cultural. A experiência do conhecimento se refere a esse processo.

Pensar o ensino e a aprendizagem por este ponto de vista me leva necessariamente a discordar do patriarca da pedagogia ocidental. Refiro-me ao grande filósofo grego Sócrates (470-399 a.C.), cuja filosofia da educação se assenta no famoso princípio de que "ninguém ensina nada a ninguém". Comentando esta passagem, Georges Gudsdorf (1987, p. 5) observa muito bem que "é preciso ser um pedagogo excepcional para negar desse modo toda a pedagogia". O mestre francês tem razão. Mas para que possamos contrariar o grande pedagogo grego, com alguma propriedade, é preciso ousar desconfiar de sua aparente "modéstia", imortalizada no dito "Só sei que nada sei".

Sabemos que uma das grandes contribuições da pedagogia socrática deriva exatamente da ideia de que ao mestre cumpre extrair do discípulo um saber que ele já possui. E não impor-lhe, do exterior, um conjunto de conhecimentos. Esta noção tem sido muito bem aceita por todos aqueles que combatem o que o educador brasileiro Paulo Freire denominou de *"educação bancária"* (1987, p. 36), imposta aos educandos, de fora para dentro, autoritariamente. Ou o que muitos têm chamado — equivocadamente, aliás — de "educação tradicional".

A afinidade entre essas duas posições, porém, é apenas aparente. O que nem sempre é suficientemente esclarecido aos educadores é que, ao postular a inutilidade do mestre, o Sócrates platônico tinha em mente sustentar a doutrina da *reminiscência*. Assim, o ensino não introduziria nada de novo ao educando porque, para o filósofo, os conhecimentos já se encontravam no espírito humano quando este, antes de habitar este mundo de aparências, enganos e "sombras", contemplou as verdadeiras "ideias" ou "verdades essenciais". Desta compreensão resulta que conhecer (ou aprender), na pedagogia socrática, nada mais seria do que *"re-conhecer"*. Ou melhor, *recordar* os conhecimentos verdadeiros, "esquecidos" no íntimo da alma humana, por meio de um "esforço" intelectual e subjetivo. É disso que trata, em síntese, a "alegoria da caverna" de Platão no livro *A República* (1987).

Uma leitura atenta da pedagogia de Sócrates permite-nos identificar sua fidelidade a uma dupla filiação. O *conteúdo* de sua pedagogia (ou o autoconhecimento) é um tributo que o filósofo paga à cultura de seu tempo. Segundo o relato platônico da *Apologia de Sócrates* (1999), sua *"missão"* de educar teria sido revelada pelo oráculo de Delfos. É assim que o filósofo decifra as palavras da pitonisa — *"Conhece-te a ti mesmo"* — e aceita, "modestamente", a tarefa de despertar nos homens as verdades universais. Já em seu *método* de ensino, Sócrates mimetiza, por meio dos diálogos que estabelece com seus discípulos, o ofício de sua mãe. Fenerata, como muitos já ouviram dizer, era parteira. E, em sua homenagem, Sócrates denomina o seu método pedagógico de *maiêutica* que, em grego, significa "dar à luz" as ideias.

Conhecendo a matriz de sua pedagogia, podemos reposicionar o filósofo ateniense como "sujeito histórico", situado. Mais precisamente, conseguimos *humanizá-lo*. Deste modo, se segue que tanto o ato de ensinar como o de aprender dependem das condições objetivas — de tempo, espaço, ambiente social, econômico, cultural, entre tantas outras — em que cada sujeito se situa no mundo. Mas também das disposições subjetivas com que conta para dar início ao empreendimento de seu projeto existencial. Podemos concluir, assim, que aprender é uma experiência pessoal e intransferível, porque vivida, necessariamente, de forma singular e única. E é a singularidade dessa experiência que inibe, por princípio, qualquer possibilidade de controle sobre esse percurso.

Decorre daí a segunda convicção a que me referi no início, a respeito do ensino e da educação: por mais que procuremos organizar as situações de aprendizagem de nossos alunos — e de nossos filhos —, haverá sempre "algo" que nos escapa. À primeira vista, esta ideia parece simples e lógica. Fácil de entender. Acontece que esta é uma aprendizagem que não depende exclusivamente de nosso entendimento, isto é, de nossa capacidade cognitiva. É preciso ter vivido, intensamente, a experiência de (tentar) ensinar e/ou educar alguém para que se compreenda que se trata, sempre, de um investimento de risco e, no limite, que escapa ao nosso controle.

Quero confessar que aprendi — e a duras penas — que entre ensinar e aprender há um campo de possibilidades imprevisíveis, da ordem de um quase "mistério", sobre o qual não temos certeza, nenhuma garantia. Em geral professores vivem esse fato como limitação. Ou como impotência. A impossibilidade de "pré-ver", isto é, de vislumbrar de antemão os resultados da empreita educativa talvez seja uma das principais fontes de nosso incômodo como educadores. Também de nossas frustrações. O melhor dos mundos seria que a aprendizagem de nossos alunos (crianças, jovens e adultos), e também de nossos filhos, fosse o efeito natural dos atos orientados por nossas intenções e dos passos que, cuidadosamente, programamos como parte da árdua tarefa de ensinar e de educar. Se assim fosse, tudo "daria certo", conforme o planejado.

Acontece que nós educadores sabemos, por experiência própria, que não é bem assim que funciona. O curioso é que preferimos seguir acreditando que, talvez, alguma "teoria", uma "fórmula" ou um "método" pedagógico poderá, um dia, quem sabe, dar conta de solucionar os "problemas" da educação, do ensino e dos processos de aprendizagem. Permitam-me a franqueza: esta é uma das profissões mais fortemente orientadas por "certezas" (incompreendidas!) e por crenças em "verdades" (possivelmente ainda não descobertas ou reveladas!). Como Sócrates, "sacrificamo-nos" em nome *da* verdade. E com isso nos sentimos confortáveis com a crença de que, se não fossem os obstáculos encontrados pelo caminho, poderíamos conduzir a humanidade (por força de nossas "modestas" intervenções pedagógicas) à sua libertação. Talvez por essa razão também nos seja tão familiar a oscilação que experimentamos entre o sentimento de desesperança, que por vezes nos imobiliza, e o da euforia que nos provocam certos discursos salvacionistas e que renovam, de tempos em tempos, a esperança na educação.

Tal oscilação me parece, porém, uma fórmula pouco realista de lidar e conviver com nossas limitações, com o que não sabemos, com o que nos "escapa". Por isso, gosto da ideia de atribuir à precariedade desta profissão, isto é, à sua imprevisibilidade, o fato incontestável da liberdade do *outro*. Dito de outro modo, justamente porque não nos é dado o poder de antecipar, de prever e de controlar os desdobramentos de nossos "atos educativos", que nossos filhos e alunos podem preservar o espaço de sua própria inscrição no mundo. Eles são diferentes de nós! E sobre eles não podemos tudo. Ponto! Felizmente! Os limites da ação de cada sujeito humano funcionam como uma espécie de freio — e de garantia — contra ambições totalitárias daqueles que disputam a condução da "educação" e do "governo" dos homens na tentativa de controlá-los. A história da humanidade é farta em exemplos da disposição de alguns de exercerem o domínio absoluto sobre o *outro*, sobre o diferente. Para torná-los "iguais", frequentemente utiliza-se o argumento da importância da educação como "libertação", como defesa do "Bem" ou da "Verdade". Não teria sido exatamente esta a pretensão de Sócrates, sob sua aparente modéstia? Deixemos que as palavras de seu discípulo Alcibíades, pronunciadas em *O banquete* (Platão, s.d.), nos dê pistas sobre uma possível resposta:

> Este homem me faz confessar que não devo viver como vivo. Sou forçado a fugir de sua presença [...] se não quiser ver-me como chumbado a seus pés pelo resto de meus dias. Quando ele me fala, sinto que nada tenho a opor aos seus conselhos [...]. Não sei, em resumo, como comportar-me [...] tal a fascinação que sobre mim e sobre muitos outros exercem as árias da flauta deste Sátyro. (p. 129-130)

Finalizo estas reflexões iniciais com uma provocação que aponta para um dos *paradoxos* da educação e do ensino. Para que o ato educativo sobreviva como tal é preciso aceitar a necessidade da morte do "mestre". Não de sua morte literal, naturalmente. Mas de sua morte simbólica como parte do processo de construção da singularidade do educando. Pois diferenciar-se, como nos ensina o filósofo latino-americano Enrique Dussel, significa "encontrar um modo de ser homem entre os diferentes que se lhe oferecem"

(Dussel, 1977, p. 71). Ousando, então, contrariar Sócrates, insisto que reside aí a necessidade do mestre: foi preciso que o filósofo educador estivesse lá, com a *sua* palavra — que é apenas *uma* entre muitas possíveis — para que Alcibíades pudesse ter a oportunidade de contestá-lo.

Da educação e do ensino como atos de vontade: sobre a centralidade do educador

Se tiver sido bem-sucedida em me fazer compreender a respeito de nossos limites como educadores, sinto-me mais à vontade agora para, daqui em diante, construir um argumento que caminha na contramão de algumas crenças modernas (pós-modernas, hipermodernas) em relação ao lugar e ao papel dos professores na vida e no processo de aprendizagem dos alunos. A pedagogia moderna, desde Rousseau (1712-1778), se pauta fortemente na ideia de que o professor (educador) deve ocupar um lugar secundário em relação ao educando, com base na tese de que o aluno é o "centro" do processo de conhecimento e de sua aprendizagem. De certa forma, esta concepção reedita, na modernidade, o modelo pedagógico socrático brevemente comentado anteriormente. A reprodução de uma passagem da obra *O Emílio ou da educação* (1762), em que o pensador genebrino faz algumas recomendações aos educadores, ilustra bem o que estou querendo ressaltar:

> Não deis a vosso aluno nenhuma espécie de lição verbal; só da experiência ele as deve receber; não lhe inflijais nenhuma espécie de castigo, pois ele não sabe o que seja cometer

uma falta; não lhe façais nunca pedir perdão, porquanto não pode ofender-vos. Desprovido de qualquer moralidade em suas ações, nada pode ele fazer que seja moralmente mal e que mereça castigo ou admoestação. (Rousseau, 1979, p. 78)

Com tais recomendações, Rousseau exemplifica como deveria ser conduzida a educação nos primeiros tempos da infância: de forma "puramente negativa". Essa expressão, pouco compreendida entre nós, não carrega um sentido de valor por oposição a uma educação "positiva" ou "boa". Mas refere-se à habilidade do educador de *silenciar* frente ao erro ou à má conduta de uma criança, aguardando que, em seu lugar, a natureza atue. Em outras palavras, Emílio deveria aprender pela experiência, reconhecendo seus erros por meio das consequências de seus atos, como explica Rousseau em seu clássico exemplo da janela quebrada:

> Vossa criança difícil de educar estraga tudo o que toca: não vos zangueis; colocai fora de seu alcance tudo que possa estragar. Quebra os móveis de que se serve? Não vos apresseis em dar-lhes outros: deixai-a sentir o mal da privação. Quebra as janelas do quarto? Deixai o vento soprar dia e noite sem vos preocupardes com os resfriados, pois é melhor que fique resfriada do que louca [...] Não vos queixeis nunca dos incômodos que vos dá [...] Depois a fechareis na obscuridade num local sem janela. E vai-se embora. Enfim, depois que tiver ficado várias horas, o bastante para aborrecer e lembrar-se, alguém lhe sugerirá de propor-vos um acordo mediante o qual vós lhe devolverias a liberdade e ela não quebraria mais vidros. (Rousseau, 1979, p. 88)

Sempre que lanço mão desses exemplos para explicar a meus alunos (professores e futuros professores) do que trata a "educação da natureza" proposta por Rousseau, invariavelmente aparecem dois tipos de comentários, ambos absolutamente plausíveis, pois expressam aguçado *bom senso*. De um lado, ouço manifestações de concordância com o que identificam como "teoria". Mas, em seguida, invariavelmente advertem: "pois é, mas na prática... é muito diferente!". Sinceramente, não tenho como discordar da crítica implícita nessas observações. Basta lembrar que "Emílio" não é alguém de carne e osso, mas um personagem idealizado pelo filósofo. Além disso, a postura e as reações desse educador são, igualmente, produto de uma ficção. Um ser humano real que, enquanto educa, também se ocupa de lidar com inúmeros outros problemas da vida cotidiana e resolvê-los muito dificilmente disporia do tempo e tampouco da frieza de espírito requeridos para conduzir, com tamanha racionalidade e paciência, a educação de uma criança ou de um jovem como Emílio.

É claro que o objetivo aqui não é o de colocar à prova a viabilidade prática dos princípios fundamentais da pedagogia de Rousseau. Fazer isso seria incorrer em um reducionismo tão grave quanto o daqueles que indevidamente julgam — aliás, com muita frequência — a coerência dessa pedagogia a partir de eventos da vida privada do filósofo. Meu objetivo, ao contrário, é o de tentar demonstrar que, na pedagogia de Rousseau — tanto quanto na de Sócrates — há um excesso de *idealização pedagógica* que converte o ato educativo numa prática que pouco tem a ver com a educação de seres humanos concretos, cujas ações resultam da *tentativa* de acertar e nunca da *certeza absoluta* sobre os seus efeitos.

Nessas pedagogias, ao contrário, tudo se passa como se o educador fosse uma espécie de demiurgo, capaz de conceber cada intervenção pedagógica ou didática a partir de um mapa da alma e da mente de um sujeito cognoscível, decifrável. Não é de espantar que professores (reais) expressem quase sempre a mesma opinião: *"a teoria, na prática, é outra!"*. Enquanto isso, no chão das salas de aula de verdade, professores fazem o que é *possível*. Para resolver situações comuns ou inusitadas do seu dia a dia, lançam mão mesmo é do conhecimento de sua experiência, de fórmulas que já deram certo. Pois é com esses saberes acumulados ao longo de sua vida profissional — mesmo que não tão bem formulados quanto aqueles produzidos pelos acadêmicos e pesquisadores de plantão — que os educadores assumem, na prática, a *responsabilidade e o risco* das decisões que precisam tomar.

Ainda assim, os discursos educacionais atuais pouco reconhecem a "centralidade" do mestre na *condução* da educação. Hoje, fala-se muito no professor como "facilitador", "mediador", mas não como "condutor" ou responsável que é por esse processo. Parece que assumir este fato soaria como traição às posições ideologicamente consideradas "progressistas" e "democráticas"! Se observarmos bem, essa "responsabilidade" do professor quase sempre é mencionada no sentido de imputar-lhe a "culpa" pelas mazelas da educação e do ensino — nosso ensino. Do contrário, persiste, soberana, a defesa da "centralidade" do educando.

Sabemos que essa *virada* pedagógica — e também epistemológica — resultou de fortes críticas, intensificadas a partir do século XIX, a um modelo de educação e de ensino excessivamente diretivo e verbalista, em que o professor detinha sempre a última palavra e exercia sobre os alunos um poder coercitivo baseado na ameaça e no medo. As vozes que se levantaram contra esse estado de coisas argumentavam — e com razão! — que a educação para a democracia e para o convívio social em liberdade dependeria de uma mudança de mentalidade no interior da escola.

A educação de sujeitos autônomos pressupõe, de fato, uma atmosfera de cooperação e liberdade de pensamento entre os alunos. Como se sabe, esses primeiros movimentos — o da "Escola Nova" e da "Escola Ativa" — foram liderados, nos Estados Unidos da América, pelo filósofo e educador John Dewey (1859-1952), e na Europa, entre outros, pelo médico e psicólogo suíço Edouard Claparède (1873-1940). Este último fundou em 1912, em Genebra, o renomado centro de pesquisas em pedagogia e psicologia *Instituto Jean-Jacques Rousseau*, no qual Jean Piaget (1896-1980) atuou por quase 40 anos.

Tanto Claparède como Piaget tornaram-se defensores dos princípios da "escola ativa" e de seus métodos pedagógicos, por serem mais adequados à *natureza* da criança, conforme demonstrariam em estudos (científicos) sobre o desenvolvimento da inteligência infantil, inspirados por sua vez nos ideais (pedagógicos) de Rousseau e nas experiências educativas de Pestalozzi (1746-1827). Tais pesquisas realizadas ao longo do século XX nos campos da saúde e, em especial, da psicologia passaram a dar *tom* a ser seguido pelas teorias e pelos métodos de ensino nas escolas daí em diante. O que pretendo ressaltar aqui, no diálogo com meus pares professores, não é a validade (ou não) das teses psicológicas acerca do pensamento e do comportamento das crianças. Isso seria por demais pretensioso. Também não está em discussão o que, para nós educadores, parece mera questão de bom senso pedagógico: compreender e respeitar o universo de conhecimentos e de interesses de nossos alunos para fazê-los avançar. O que causa desconforto, porém, é identificar nos discursos e argumentos de alguns grandes pensadores o papel secundário e dependente da pedagogia em relação aos conhecimentos produzidos fora dela. Vejamos o que pensava Piaget:

> A pedagogia é como a medicina: uma arte que se *apoia* — ou *deveria* se apoiar — sobre conhecimentos científicos precisos [...]. Da mesma maneira nasce-se pedagogo: ninguém se torna pedagogo [...] mas é preciso conhecer não apenas as matérias que ensinamos, mas também a própria criança, a quem nos dirigimos [...]. (Piaget, 1998b, p. 181; grifos meus)

Como bem observaram as organizadoras do interessante livro de textos inéditos de Jean Piaget sobre temas pedagógicos, essa posição do epistemólogo genebrino "equivaleria a dizer que um educador só pode ser bom desde que seja também um psicólogo" (Parrat e Tryphon, 1998, p. 17). Pois bem, tal versão "psicologizante" do discurso pedagógico contemporâneo tem contribuído significativamente para deslocar o professor para um lugar de menor relevância na cena pedagógica. De alguém que ensina e educa, *intencionalmente*, o professor passou a ser visto como "mediador", "facilitador da aprendizagem", "tutor", "animador", "colaborador", entre outras denominações que evidenciam o paulatino esvaziamento de seu papel — real e simbólico — na educação das crianças, dos jovens e também dos adultos.

Em que momento terá saído de nosso horizonte a figura do professor no qual reconhecemos a maestria na lida fácil e bela de palavras e gestos carregados de conhecimentos e sabedoria capazes de nos comover ou de nos transportar no tempo e no espaço? Existirá ainda este personagem cuja autoridade moral se sustenta na firmeza de seu saber e na lógica argumentativa que convence não apenas pelo conteúdo de seu discurso, mas pela forma com que nos toca a alma e nos instila o desejo de sermos mais, de sabermos mais? Terá se perdido no tempo o prestígio e a autoridade de que dispunha um professor pelo simples fato de representar, para crianças e jovens, um mundo de possibilidades, de conhecimentos e experiências para além do casulo familiar?

Passamos de um extremo ao outro: de atores principais a coadjuvantes; de vilões a dóceis mocinhos, cuja "performance" (Ball, 2005) está previamente ensaiada. A cessão de nosso protagonismo ao protagonismo do educando foi o primeiro passo — bem menos danoso, é preciso registrar — do que aquele que nos espreita nesses tempos de educação "globalizada". Explico melhor. Há mais ou menos uma década, passamos a conviver com mais um modelo pedagógico importado de outro território, disfarçado de ciência, cujo discurso — sedutor — é típico do mundo das empresas: o das "competências de habilidades". Adianto que não tenho nada contra a ideia de desenvolver competências e habilidades de nossos alunos. Isso sempre foi feito nas escolas, muito antes da popularização de tais termos. O problema é que a partir deste "modismo" fica mais claro que o que se espera da escola é que ela desenvolva *aquelas* capacidades estabelecidas e catalogadas a partir da utilidade e do valor que possuem nos diferentes "mercados" (de trabalho, editoriais, dos discursos acadêmicos...).

De fato, para esta concepção pedagógica (ou mercadológica?) importa pouco o aluno como *pessoa*. Muito menos a *pessoa* do professor. Serão bem "avaliados" se e *somente se* conseguirem provar — por meio de exames, estatísticas e *rankings* — a sua "produtividade". É por isso que, neste modelo, assistimos ao *retorno* de outro mito educacional: o da avaliação. Agora como dispositivo de controle e de governo das almas (Popkewitz, 2004). Embora não seja o foco desta nossa conversa, este é um assunto sobre o qual os professores deveriam se ocupar e refletir para repensar o seu papel na educação contemporânea.

Afirmei, no início, que a defesa da centralidade do papel do professor parecia caminhar na contramão de algumas crenças modernas, pós-modernas ou hipermodernas acerca da educação. Procurei demonstrar, recorrendo primeiro à Rousseau e depois a alguns de seus descendentes intelectuais, a existência de uma tendência à idealização dos elementos que constituem a própria pedagogia: o professor, o aluno e os conteúdos de ensino. Parece que, na tentativa de encontrar "saídas" para as crises e os impasses da educação, temos procurado, ao longo da história, colocar luz ora sobre um, ora sobre outro desses três componentes, quando se trata, na verdade, de promover um *encontro* significativo entre eles. Se concordarmos com essa tese, então será difícil contestar que essa tarefa cabe ao professor-educador.

Um educador humano, porém, que tem mais dúvidas do que "certezas", procurará sempre fazer o "certo", o "melhor", o "justo" a partir dos quadros de referência que tem à mão, colocados à disposição por sua herança cultural. Por isso, defendo a posição de que, em vez de sairmos à procura de explicações pedagógicas nos "fundamentos" da educação (entendidos como verdades universais, imutáveis), será mais honesto que assumamos, de uma vez por todas, que educar e ensinar são atos que dependem de nossas escolhas, e não de manuais "técnico-científicos". Para receber a designação de "educativas" as intervenções pedagógicas são aquelas que, necessariamente, deixam suas marcas *no outro*. Marcas das crenças, dos valores e das atitudes de quem toma para si a responsabilidade de educar e de ensinar. Darei continuidade a estas reflexões na sequência de nossa conversa.

Capítulo 3

Lições de autonomia: afinal Piaget era psicólogo ou pedagogo?

> *O homem define-se pelo que consegue fazer com o que os outros fizeram dele.*
>
> Antonio Nóvoa

No capítulo anterior, minha intenção foi chamar a atenção para a centralidade de nosso papel como responsáveis pelas escolhas que fazemos como educadores, a partir de um paradoxo da "condição docente": mesmo sendo tão importantes na vida de nossos alunos, não podemos tudo o que queremos ou esperamos deles. E por que não? Além do fato incontestável da liberdade do *outro,* de que já falamos, a questão é que ainda sabemos muito pouco sobre como funciona nossa *psyché,* sede da inteligência e das paixões humanas. Neste capítulo, trataremos um pouco disso, dando ênfase no que está implicado e nas dificuldades inerentes à educação moral.

Sabendo que o leitor está provavelmente ávido por respostas "práticas" — aquelas que possam ajudá-lo em suas ações e em seus desafios de sala de aula —, procurarei fazer um esforço para responder a essa expectativa. Antes de começar, porém, faço um alerta importante pelo qual justifico minha "impossibilidade" de atender plenamente a essa demanda: assim como o professor não pode substituir o seu aluno no processo de aprendizagem, nenhuma teoria pedagógica poderá substituir o esforço a ser feito pelos professores na tarefa de educar. Terão de fazê-lo à sua maneira, pois este é um fazer artesanal. Único e intransferível.

Para cumprir minha promessa, deparei-me com a necessidade de fazer escolhas quanto ao conteúdo deste capítulo. Optei, então, por trazer para o centro desta conversa as ideias de Piaget, um dos teóricos que de forma mais sistemática se dedicou ao estudo sobre o desenvolvimento do pensamento infantil. Além deste, há outro motivo: embora sua teoria esteja amplamente difundida entre nós, nem sempre suas proposições são bem compreendidas. E, o que é mais grave, muitos equívocos e distorções pedagógicas têm sido cometidos em nome do que passamos a considerar como uma "pedagogia piagetiana", ou melhor, inspirada nas crenças e nos postulados construtivistas.

Muitos adeptos de Piaget propuseram-se a atuar como "intérpretes" de suas ideias para o campo da pedagogia. Em grande parte porque a linguagem do biólogo e psicólogo genebrino não é mesmo muito palatável, especialmente para estudiosos principiantes. Um trabalho necessário e louvável, sem dúvida. Mas como quem conta um conto acrescenta, diminui ou omite um ponto (ou muitos!), o fato é que parte considerável dos equívocos e das distorções a que me referi há pouco se deve aos efeitos do que acontece na brincadeira do "telefone sem fio", tão conhecida das crianças! Esta é uma boa analogia para o que ocorre, na ponta da linha, com parte considerável dos educadores que se julgam "piagetianos" ou "construtivistas". Mas também por aqueles que rechaçam e procuram desacreditar suas contribuições para a educação.

Em vista disso, me dispus a realizar um exercício diferente: buscar, nas palavras do próprio autor, afirmações e declarações bem pouco difundidas pela literatura pedagógica que podem nos ajudar a compreender melhor algumas de suas posições. Com esse exercício, não só podemos dar oportunidade para que ele mesmo apresente suas ideias, mas também para "desmistificar" algumas "verdades pedagógicas" decorrentes da adesão "obediente" às suas convicções. Os professores razoavelmente bem informados sobre as ideias de Jean Piaget acerca da construção do juízo moral conhecem a diferença fundamental entre os dois conceitos formulados pelo autor com a intenção de distinguir "duas morais" válidas tanto para os adultos como para as crianças. O conceito de "heteronomia" se refere à postura de obediência a uma lei ou regra exterior ao sujeito que lhe obriga a orientar-se pelo que é considerado "certo" ou "justo" pelos representantes da moral social. Geralmente um adulto, pai, mãe e também os professores. Já o conceito de "autonomia" se associa à capacidade do indivíduo de aderir às normas sociais pelo reconhecimento racional e livre quanto à sua pertinência e justeza.

Enquanto o primeiro comportamento moral — heterônomo — resulta da mera "obediência" a uma prescrição externa e do *respeito unilateral* (em geral imposto do mais forte ao mais fraco, do adulto à criança, por exemplo, numa *relação de coação*), o segundo — o comportamento autônomo

— deriva do *respeito mútuo*, construído numa relação de *cooperação*. Esses dois modelos de relacionamento com a autoridade moral constituem-se nas relações interpessoais. Ou seja, diferente de Rousseau, para quem a criança "nasce boa", Piaget sempre sustentou que não existe uma moral completamente "inata". Vejamos o que ele diz exatamente sobre isso:

> O que é dado pela constituição psicobiológica do indivíduo como tal são as disposições, as tendências afetivas e ativas: a simpatia e o medo — componentes do "respeito" —, as raízes instintivas da sociabilidade, da subordinação, da imitação, etc. [...] Mas, deixadas livres, essas forças puramente inatas permaneceriam anárquicas: fontes dos piores excessos bem como de todos os desenvolvimentos, a natureza psicológica do indivíduo como tal permanece neutra do ponto de vista moral. (Piaget, 1998b, p. 26)

A leitura atenta do trecho acima, extraída de um texto do autor chamado *Os procedimentos da educação moral*, escrito em 1930, não deixa dúvidas sobre sua convicção de que o sentimento moral é algo que depende da educação. Não se manifesta por obra da "natureza" da criança na direção de um comportamento e de uma consciência cada vez menos "egocêntricos" como efeito puro e simples de seu desenvolvimento cognitivo. No entanto é essa ideia que, retirada do contexto geral do pensamento e da obra do autor, tem sido mais difundida entre os educadores, fazendo-nos crer que uma postura rigorosamente "construtivista", no terreno da educação moral, implicaria que o educador e o professor aguardassem, pacientemente, que o desenvolvimento espontâneo da inteligência da criança lhe oferece-se as condições de discernimento entre o "certo e o "errado". Neste caso, um pouco, sim, como propunha Rousseau, no exemplo da vidraça quebrada!

Esse tipo de interpretação do pensamento de Piaget por certo se deve, em parte, à ambiguidade e — por que não? — às contradições presentes no pensamento do próprio pensador genebrino. É fato que, por ter sido um fervoroso defensor da "razão" humana, Piaget levou em conta, em seus estudos sobre a moralidade da criança, os mesmos princípios e conceitos utilizados para compreender o desenvolvimento das estruturas do pensamento lógico, chegando a afirmar, por exemplo, que "a lógica é uma moral do pensamento, como a moral é uma lógica da ação" (Piaget, 1998a, p. 17).

Mas por que razão teria apontado o "medo" como uma *disposição* constitutiva do respeito? E a *subordinação e a imitação* como "raízes instintivas da sociabilidade"? Não seriam estes elementos produzidos no interior das culturas que Piaget identifica como "primitivas" por oposição ao modelo "civilizado" que defendia? Ou teriam essas "disposições naturais" da criança um valor funcional para o seu desenvolvimento moral? Uma pista para decifrar essa "ambiguidade" dos argumentos piagetianos talvez possa ser encontrada em outro trecho do mesmo documento. Ao comentar certas experiências educativas de escolas fundadas no princípio da liberdade absoluta da criança, Piaget se coloca uma questão para a qual prefere não oferecer nenhuma resposta:

> [...] na ausência de toda relação de respeito unilateral, a criança que desde os 3-4 anos convive apenas com seus

semelhantes chegará por si mesma ao respeito mútuo e à cooperação? Chegará a constituir uma moral e esta será adaptada à de nossa sociedade adulta? (Piaget, 1998b, p. 37)

Como fiel guardião da "ciência", Piaget se esquiva de apresentar uma posição pessoal sobre as perguntas que ele mesmo levanta, alegando a insuficiência de "documentos publicados" sobre o tema. Mas deixa entrever, no comentário que faz em seguida, um "detalhe" importante de suas convicções:

> Quando se constata o tempo de que a humanidade necessitou simplesmente para dar lugar à livre cooperação ao lado da coação social, podemos nos perguntar se não é queimar etapas querer constituir na criança uma moral do respeito mútuo antes de toda moral unilateral. O puro dever não esgota a vida moral. Mas não é necessário conhecê-lo para compreender plenamente o valor deste livre ideal que é o Bem? O respeito mútuo é uma espécie de forma limite de equilíbrio para a qual tende o respeito unilateral, e pais e professores devem fazer tudo o que for possível, segundo cremos, para converterem-se em colaboradores em pé de igualdade com a criança. (Piaget, 1998b, p. 37)

Não há dúvida: neste trecho Piaget *confessa* sua desconfiança na eficácia do *respeito mútuo* para ensinar às crianças pequenas o que é certo ou errado. Traduzindo, seria mais ou menos assim: primeiro as crianças precisam se submeter aos adultos para, só mais tarde, reconhecerem "autonomamente" que eles estavam certos. Ao leitor acostumado com um Piaget que aconselha, claramente, que as situações educativas devam ocorrer (sempre) em um ambiente *"colaborativo"* no qual as crianças *"constroem as pró-*

prias regras" e sua "autonomia", estas questões que ele se permite colocar (felizmente!) podem soar um tanto estranhas. Este suposto leitor poderia indagar sobre a existência de dois Piaget(s)!? Negativo!

O que nem sempre se torna claro — porque muito raramente se discutem essas questões com a devida profundidade e clareza — é que a *esperança* de Piaget era que um ambiente "democrático" e "colaborativo" conduziria os educandos a, *espontaneamente*, "construir" aquelas mesmas regras que, de outro modo, acabariam obedecendo por coação. Contanto que fossem razoáveis e "boas", claro! Poderíamos interpretar de outro modo essas palavras do autor?

> [...] a cooperação conduz à constituição da verdadeira personalidade, isto é, à *submissão* efetiva do eu às regras *reconhecidas* como boas (Piaget, 1998b, p. 30; grifo meu).

Perdoem-me a insistência em "desiludir" o leitor em relação à imagem difundida de Piaget como defensor incondicional do "diálogo" com as crianças. Mas este é um bom exemplo de como interpretações apressadas e superficiais das teses deste autor se transformam em receitas "fáceis" e "românticas" para as situações educativas. Assim, para lidar com a indisciplina dos alunos, temos sido "convencidos" de que *a* solução passa sempre pelo "diálogo" e por "negociações" racionais, a fim de que eles aprendam a importância do respeito mútuo e da harmonia no convívio social. Ora, sabemos, por experiência, que o convívio social com o *outro* é marcado por conflitos e tensões decorrentes da divergência de interesses e visões em disputa. Muito embora este fato não tenha sido esquecido por nosso autor, precisamos ter claro que seu ideal moral, porém, pressupõe *suprimir* o próprio conflito. Por isso, sustentava que:

> [...] são as relações que se constituem entre a criança e o adulto ou entre ela e seus semelhantes que a levarão a tomar consciência do *dever* e a colocar acima de seu *eu* essa *realidade normativa* em que consiste a moral. (Piaget, 1998b, p. 27; grifos meus)

Piaget defendia que tais regras e normas não devem ser objeto do "discurso" dos educadores. De pouco adiantarão "sermões" e "broncas" se, afinal, quisermos formar indivíduos "autônomos"! A fórmula pedagógica mais "eficaz" — termo utilizado pelo próprio autor — é a experiência vivida: "Para tocar o âmago da alma infantil — diz ele — um ensinamento oral deve vir depois e não antes da experiência vivida" (ibid., 1998b, p. 39). Aqui sou obrigada a concordar plenamente com o pai do construtivismo. Mas como será que ele reagiria a esta história que andou circulando pela Internet e foi recentemente reproduzida em um artigo acadêmico sobre educação e psicanálise?

> Numa escola pública estava ocorrendo uma situação inusitada: uma turma de meninas, de 12 anos, que usava batom todos os dias removia o excesso beijando o espelho do banheiro. O diretor andava bastante aborrecido, porque o zelador tinha um trabalho enorme para limpar o espelho ao final do dia. Mas, como sempre, na tarde seguinte, lá estavam as mesmas marcas de batom. Chegou a chamar a atenção delas por quase dois meses, e nada mudou, todos os dias acontecia a mesma coisa. Um dia, o diretor juntou o bando de meninas e o zelador no banheiro, explicou pacientemente que era muito complicado limpar o espelho com todas

aquelas marcas que elas faziam. Depois de uma hora falando, e elas com cara de deboche, o diretor pediu ao zelador "para demonstrar a dificuldade do trabalho". O zelador imediatamente pegou um pano, molhou no VASO SANITÁRIO e passou no espelho. Nunca mais apareceram marcas no espelho!!! E o texto conclui "Há professores e há educadores". (Palhares, 2006)

Sobre a situação relatada — que pode ou não ser verdadeira, pouco importa —, a autora do artigo comenta: "se o diretor só podia produzir significantes e mais significantes (isto é, palavras e mais palavras) nas suas explicações, o zelador através do horror do seu ato [...] gerou consequências". Como se sabe, a psicanálise propõe levar em conta o inconsciente no processo de ensino e aprendizagem, um paradigma teórico que abre *outras* possibilidades de interpretar o ato educativo. Concretamente a "lição do banheiro", acima descrita, seguiu exatamente a fórmula sugerida por Piaget: primeiro viver a experiência, para só depois falar sobre ela. Mas teria surtido efeito pelas *mesmas razões* supostas por ele?

Como vimos, embora algumas das dúvidas e indagações mais fundamentais de Piaget sobre educação moral não fossem muito diferentes das preocupações "ordinárias" de qualquer professor, o "epistemólogo" genebrino não dava o braço a torcer: insatisfeito com a ausência de respostas *precisas* para orientar as ações educativas, insistia sempre que as "pesquisas científicas" nos informam mais e melhor do que "as impressões subjetivas dos pedagogos [...]" (Piaget, 1998b, p. 40)

Permitam-me discordar de nosso autor neste quesito. E explico por quê. Porque salas de aula *não* são laboratórios científicos; porque professores são confrontados diariamente com relações humanas e sociais não previstas em experimentos metodologicamente controlados. Por sua natureza dinâmica e complexa, a educação é mesmo diferente de outros campos do conhecimento. Não é "ciência" no sentido estrito da palavra, o que não faz da Pedagogia um corpo de conhecimentos "inferior" ou "menos legítimo" do que o de outras áreas.

Neste ponto, proponho que façamos uma autocrítica: porque nós, educadores, temos sido excessivamente informados por algumas "verdades pedagógicas" (em grande parte importadas da Psicologia e transformadas em senso comum) em geral nos esquecemos de pensar as questões e os problemas de nosso ofício a partir das referências da Educação. Agindo assim, contribuímos para a fragilização deste campo epistemológico e para a depreciação de nossa identidade profissional. Não é à toa que a imagem do professor seja apresentada com frequência — em peças publicitárias, charges ou programas humorísticos — de forma estereotipada e caricata como alguém cujo conhecimento (e autoridade) podem ser facilmente desafiados. Muito pelo contrário, lidar com as tensões e com os papéis sociais em jogo na escola exige do praticante deste ofício a mobilização de saberes muito mais complexos do que aqueles linearmente descritos em campos disciplinares específicos. Encerro por aqui este tópico, parafraseando William Shakespeare: a educação é um campo muito mais opaco e imprevisível do que supõe nossa "vã pedagogia"!!!

SEGUNDA PARTE

Teorias e práticas pedagógicas: questões (ainda) em aberto

Capítulo 4

Ensinar a aprender: o que é mesmo *ser* construtivista?

> Não basta abrir a janela
> para ver os campos e os rios.
> Não é bastante não ser cego
> para ver as árvores e as flores.
> É preciso também não ter filosofia nenhuma.
> Com filosofia não há árvores: há ideias apenas.
>
> *Fernando Pessoa*

Há seguramente três décadas, o construtivismo figura como estrela no ideário pedagógico brasileiro como abordagem "nova" e "progressista", em oposição ao que nos habituamos a chamar — equivocadamente, como já mencionei — de ensino "tradicional". Sobre este tema dispomos de vasta produção dirigida aos educadores que, não raro, banalizam os conceitos e induzem a equívocos (educacionais e pedagógicos) que podem se tornar irreparáveis. Seguindo o espírito de minha proposta, procurarei neste item ser fiel aos "clássicos", privilegiando, porém, responder a algumas dúvidas de caráter mais prático que permanecem em aberto.

Antes, aproveito a oportunidade para reforçar um alerta que fiz, ainda no início dos anos 1990: *construtivismo não é método!* Dizia, em outro trabalho (Rosa, 1994), que, por conta da expectativa de muitos professores de encontrar um jeito (novo) de melhorar o desempenho dos alunos, a abordagem construtivista passou a ser chamada de "método". E, assim, transformamos nosso desejo (de que construtivismo fosse um método) em um "conceito" equivocado. Como não é, continuamos com o mesmo problema: temos que encontrar, a cada situação de ensino, "saídas" pedagógicas para que os alunos aprendam! Lamento ter que bater na mesma tecla: em educação, não há receitas prontas! Esta é a natureza (artesanal) de nosso trabalho!

Mas se "construtivismo" não é um método, o que é então? De que serve aos professores — de todos os níveis de ensino — compreender e estudar essa teoria? Comecemos pela primeira pergunta. O termo "construtivismo" ou "abordagem construtivista" se refere aos processos de "aprendizagem". Portanto, ao que se passa com os *alunos* toda vez que eles se deparam com um objeto ou conceito que desconhecem. A pergunta fundamental que se procura responder é: como é possível passar do estado de ignorância (não saber) para o do conhecimento (saber)? O que se passa entre um momento e outro, chamamos de processo de *aprendizagem*.

Compreender como ocorrem esses processos é trabalho dos pesquisadores, dos teóricos. Nós professores temos outras preocupações e urgências. Precisamos *ensinar* (conteúdos, atitudes, certas habilidades) nossas crianças, nossos jovens (e também adultos!). *Aprender... é problema deles!*

— dizemos. Por muito tempo, grande parte dos professores pensava — e infelizmente muitos ainda continuam pensando — exatamente assim. A analogia não é original, mas e se os médicos pensassem que a "doença" é problema do paciente? O que aconteceria?

Como vemos, temos aí um problema: o ensino até pode, mas não *deve*, ser visto (pelos seus profissionais) separado da aprendizagem. Grifei a palavra "deve" para enfatizar a ideia de que se ensinar é nosso "dever" (assim entendido como um compromisso profissional e ético), então, compreender (ou pelo menos tentar entender) como ocorrem os *processos de aprendizagem* de nossos alunos faz parte do conjunto de conhecimentos e saberes de nossa profissão. Precisamos, por isso, conhecer as teorias já formuladas sobre este assunto. O construtivismo é *uma* delas. E, sem medo de errar, figura entre as de melhor "reputação" entre nós, apesar das críticas que lhe têm sido feitas, algumas das quais bem fundamentadas (Duarte, 2001; Rossler, 2006).

A verdade é que, conhecendo ou não as teorias, cada um de nós tem alguma ideia, formulada de maneira mais ou menos precisa, a que nos reportamos para "explicar" situações concretas vividas na docência. Para ilustrar a presença dessas teorias em nosso universo de representações, gosto sempre de recordar um texto de Lauro de Oliveira Lima (1982), um dos grandes nomes da educação brasileira, que infelizmente, junto de alguns outros de equivalente grandeza, temos permitido cair no esquecimento. Em um de seus textos (1980), o autor lança mão de alguns "provérbios" para se referir a uma "epistemologia popular". Assim, diante daquele aluno que "não aprende" ou que "não obedece", um professor poderia dizer:

Conformado: "Pau que nasce torno, não tem jeito, morre torto."

Ou, mais otimista: "Água mole em pedra dura tanto bate até que fura."

Ou, ainda, reflexivo: "O risco que corre o cedro corre o machado."

O primeiro ditado, explica Lauro, traz implícita uma crença *inatista,* segundo a qual as *(in)*capacidades de um indivíduo são definidas *a priori*. Isto é, segundo esta visão, o pressuposto é que sujeito *nasce* (ou não) dotado de determinadas características que, aos poucos, se revelam. Portanto, pouco ou quase nada haveria a ser feito diante do que já está dado, seja por forças *metafísicas* (explicações míticas, religiosas), seja por obra da *Natureza* (vertente naturalista ou biológica). As pedagogias mais conservadoras costumavam se apoiar nessas "teorias" na expectativa de identificar os "melhores" ou os mais "capazes". Coisa do passado?

Já o segundo ditado se alinha melhor com as teses puramente *comportamentalistas,* como a de Skinner (1904-1990), segundo a qual a aprendizagem seria uma "resposta" (do organismo) a determinados "estímulos" (do ambiente) identificável por meio de comportamentos observáveis *(behaviorismo)*. Neste caso, seriam de grande utilidade para o "sucesso" educativo tanto a precisão no uso de técnicas pedagógicas (estímulos adequados) quanto a insistência (ou persistência) do educador em produzir as respostas esperadas. Aprender seria, assim, o resultado de um bom "treinamento".

Finalmente, o último ditado — menos conhecido, é verdade — alude à ideia de movimento e de resistência que tanto se refere à madeira (cedro) como à ferramenta utilizada para alterar sua forma natural (machado). Nesse dito popular está implícita a ideia de que existe uma tensão (risco) da qual resulta uma realidade nova, modificada, embora não previamente conhecida. As noções de *atividade* e *diálogo* são as que melhor se associam ao princípio *interacionista* desta abordagem. Para J. Piaget, explica Lauro em outro trabalho, "frente à agressão do meio, é o organismo que toma a iniciativa para modificar-se, não ficando, passivamente, dependente do acaso das 'mutações'" (Lima, 1980, p. 138).

Espero ter deixado claro, com o recurso tomado de empréstimo desse educador entusiasta das teses piagetianas, o núcleo central das três abordagens sobre o processo de aprender e de ensinar. Construtivismo foi o nome dado por Piaget à dinâmica pela qual a inteligência humana, em cada fase de seu desenvolvimento cognitivo, *opera* sobre os objetos do mundo para conhecê-los. Em síntese, para ele, o conhecimento não é nem um dado *a priori* do espírito humano (tese inatista) nem os registros fixados na mente a partir de estímulos externos (tese empirista), mas o resultado de um processo *biopsicológico* pelo qual o sujeito, *ativamente*, se esforça para compreender o mundo em que vive. Esta tese, de acordo com as palavras de Piaget, "do ponto de vista pedagógico, leva incontestavelmente a dar toda ênfase às atividades que favoreçam a espontaneidade da criança" (Piaget, 1988, p. 11).

Assim, mais do que compreender esses mecanismos de operação da inteligência e do pensamento da criança, interessa esclarecer as implicações da concepção construtivista de aprendizagem para as práticas de sala de aula.

Como já foi dito inúmeras vezes, Piaget não tinha pretensões de formular uma nova pedagogia, a partir de suas descobertas científicas. O que não quer dizer que não tivesse qualquer pretensão de dar "conselhos" aos pedagogos, como ele mesmo costumava dizer. Mas o fato de ter ocupado, por quase quarenta anos (entre 1929 a 1967), o posto de diretor da Agência Internacional de Educação em Genebra parece contrariar suas declarações. Mais valem os fatos que as palavras!

É verdade, porém, que, diante de sua vasta obra teórica, poucos são os textos dedicados explicitamente à educação e ao ensino. Extraio diretamente de um deles — *"Para onde vai a educação?"* — algumas de suas principais preocupações. Atendendo a um pedido da Comissão Internacional para o Desenvolvimento da Educação, órgão da Unesco, ressaltamos três grandes questões levantadas pelo autor neste texto de 1971: *"o papel do ensino pré-escolar* (4-6 anos), a do significado real dos *métodos ativos* [...] e a *do caráter interdisciplinar necessário às iniciações"* (Piaget, 1988, p. 13; grifos do autor). Basicamente, o que Piaget reivindicava era que o professor deixasse "de ser apenas um conferencista", que estimulasse "a pesquisa *e o esforço, ao invés de se contentar com a transmissão de soluções já* prontas" (ibid., p. 15; grifos nossos)

Referindo-se especificamente à Matemática, por exemplo, afirmava que um ensino "moderno" "consistiria em falar à criança na sua linguagem antes de lhe impor outra já pronta e excessivamente abstrata, e sobretudo levar a criança a reinventar aquilo de que é capaz, ao invés de se limitar a ouvir e repetir" (Ibid, p. 16-17). Sobre o ensino de Física e de outras ciências experimentais — como a

Química e a Biologia — alertava para a ausência de preocupação das escolas com a formação dos alunos para a experimentação. Aqui, Piaget nos dá uma boa "dica" do que deve ser feito para desenvolver o espírito científico nos alunos:

> Não são as experiências que o professor venha a fazer *perante* eles, ou as que fizerem eles mesmos com suas próprias mãos, seguindo porém um esquema preestabelecido e que lhes é simplesmente ditado, que lhes haverão de ensinar as regras gerais de toda experiência científica [...] os métodos do futuro deverão conferir uma parte cada vez maior à *atividade* e às *tentativas* dos alunos, assim como à *espontaneidade das pesquisas* na manipulação dos dispositivos destinados a provar ou invalidar as *hipóteses* que houverem podido *formular por si mesmos* para a explicação de tal ou tal fenômeno elementar. (Piaget, 1988, p. 17; grifos meus).

Vejamos se entendemos bem: não adianta apenas ter o laboratório e os materiais de experimentação na escola (embora essa infraestrutura ajude bastante, é verdade!). Também de nada adiantará planejar uma sequência didática aparentemente muito "dinâmica" apenas para *demonstrar* como se faz um experimento científico. Mesmo com o apoio das tecnologias de informação hoje disponíveis e que tanto atraem as crianças e os jovens: vídeos, softwares, jogos, etc. Para que os alunos aprendam de fato a raciocinar (cientificamente) de acordo com Piaget, precisam aprender a *pesquisar*. E isso pressupõe: partir de uma questão ou situação-problema, formular hipóteses, testá-las, registrá-las, voltar a testá-las até chegar à demonstração ou refutação a que se propõe o experimento. Para completar, é importante também comunicar (tornar público) os resultados da experiência. Planejar e acompanhar todo esse trabalho, eis a tarefa do professor!

Ou seja, parece que o grande desafio é criar situações de pesquisa *com* os alunos, e não *para* eles. O que significa que, ao preparar e acompanhar uma situação didática desse tipo, o professor deveria *reviver a experiência* de como *ele* aprendeu os conteúdos que agora precisa ensinar. E se chegar à conclusão de que aprendeu mecanicamente, por repetição ou imitação, o que por suposto sabe, não terá outra saída senão (re)fazer (reconstruir) o percurso de sua própria aprendizagem, a fim de descobrir a *lógica* que sustenta o seu saber. Penso que não podemos entender de outra maneira a observação com que o pesquisador genebrino sintetizou suas reflexões sobre os métodos ativos em educação:

> Em resumo, o princípio fundamental dos métodos ativos só se pode beneficiar com a História das Ciências e assim pode ser expresso: compreender é inventar, ou reconstruir através da reinvenção, e será preciso curvar-se ante tais necessidades se o que se pretende, para o futuro, é *moldar* indivíduos capazes de produzir ou de criar, e não apenas de repetir. (Piaget, 1988, p. 17; grifo meu)

Convido os meus colegas a relerem o trecho acima para extrair dele o sentido mais profundo das sensatas observações de nosso autor. Se quisermos ensinar *bem*, além de compreender como *pensam* os nossos alunos, precisamos também mergulhar profundamente no conhecimento do *conteúdo* de nosso ensino. O que, em outras palavras, significa reaprendê-los. Na medida em que o professor (re)estuda o que vai ensinar, ele não apenas (re)contextualiza e (re)significa esse conhecimento, mas mimetiza, ao longo desse processo, os percursos cognitivos e afetivos envolvidos na experiência de aprender. Isso demanda esforço, dedicação e, às vezes, algumas frustrações. Ao refazer o caminho da construção de seu conhecimento, o professor pode também reencontrar uma *linguagem* mais ajustada ao esforço de compreensão (atividade cognitiva) realizado por seus alunos. E, assim, como disse Guimarães Rosa, o professor *"de repente aprende."* Diante desta lição, quase todo o resto que ouvimos falar em nome do construtivismo pode ser mero *blá-blá-blá* pedagógico.

Para finalizar estas reflexões, vale ressaltar o que o leitor com certeza já percebeu: o grande valor atribuído por Piaget à educação e aos processos de ensino como meio de desenvolver a própria "ciência" e o espírito científico dos sujeitos. Nunca é demais recordar sua profunda fidelidade aos princípios iluministas em defesa da Razão humana. Como vimos no item anterior, mesmo quando se refere à formação moral do sujeito e à construção de sua "autonomia", o que Piaget tem em mente é a formação de um homem "racional", por isso mesmo cada vez menos "egocentrado". É nesta perspectiva que devemos compreender sua preocupação e defesa da educação pré-escolar. Em suas próprias palavras, "uma espécie de propedêutica" para o ensino científico que, por sua vez, terá de ser "amplamente desenvolvida no ensino primário" (Piaget, 1988, p. 19).

Na esteira desse processo — e imbuído do mesmo espírito —, Piaget defendeu uma visão *interdisciplinar* do conhecimento nos níveis secundários e universitários. Isto é, com base no argumento de que este seria o caráter que "cada vez mais [...] assume necessariamente a pesquisa em todos os domínios" (Ibid.,p. 21). Aqui toda a atenção é pouca para evitar deduções apressadas: Piaget não propôs um *ensino* interdisciplinar em substituição à especificidade de cada disciplina. Mas defendeu, sim, a ideia de que os "mestres" (pesquisadores) deveriam ter uma *visão* interdisciplinar das ciências de sua especialidade, de modo que os estudantes pudessem "perceber, de forma continuada, as conexões com o conjunto do sistema das ciências". O que é bem diferente!

Procurei chamar a atenção para esses "detalhes" porque eles fazem toda a diferença para entendermos a filosofia da educação que decorre das concepções piagetianas. E porque, se não estivermos atentos a esses "detalhes" tão importantes, uma série de equívocos "pedagógicos" são cometidos (falsa ou ingenuamente) em seu nome. Ao contrário de algumas interpretações românticas, a concepção piagetiana de educação é profundamente comprometida com a *disciplina* de pensamento e de conduta, com vistas à formação de homens *racionais* e imbuída do mais puro espírito "moderno" e iluminista.

Ao valorizar o aluno como "sujeito do conhecimento", nosso autor não tem em mente um ser humano *singular*, dotado de uma história e subjetividade única merecedora da atenção especial do professor. Para ele, o "egocentrismo" caracteriza um estágio do pensamento infantil que precisa ser superado! Desconfio que algumas interpretações e "reconstruções" (românticas) formuladas em nome e a partir das teses de Piaget trazem as marcas de *outras* visões de conhecimento e de educação. Volto a insistir: o *sujeito* piagetiano é um "sujeito epistêmico", uma abstração teórica. Neste sentido, é um sujeito "idealizado". Talvez este fato explique por que, muitas vezes, não conseguimos ver nossos alunos como pessoas de carne e osso, mas como personagens "psicogenéticos". Mas, sejamos justos, este equívoco não é culpa de Piaget!

Capítulo 5

Aprendizagem e desenvolvimento: ou quem veio primeiro, o ovo ou a galinha?

> Você aprendeu alguma coisa.
> Isto sempre parece, à primeira vista,
> como se tivesse perdido alguma coisa.
>
> *George Bernard Shaw*

O fato que passo a relatar me foi contado por uma colega, professora universitária há já algum tempo. Mesmo se tiver sido traída pela memória e esquecido algum detalhe, recordo muito bem a sua preocupação com a cena presenciada e descrita por uma de suas alunas de graduação em seu estágio de docência. Ao entrar na sala de aula de ensino fundamental, observou a disposição das carteiras, enfileiradas à "moda antiga". Estranhou, porque a professora se dizia "socioconstrutivista", o que não combinava com o que a estagiária aprendera na universidade. Em seguida veio a explicação da professora, segundo ela "fundamentada" na teoria de Vygotsky:

Estas duas fileiras da direita são dos alunos que estão na *zona de desenvolvimento real*;

Tomara que o fato tenha sido fruto da imaginação criativa da estagiária. Mas o que me faz permanecer na dúvida é que, recentemente, fazendo a leitura de relatórios de observação de práticas de alfabetização de alguns alunos-pesquisadores sob minha orientação, topei com o relato de uma situação muito parecida. Seguindo o plano didático de uma proposta construtivista de alfabetização em desenvolvimento em uma escola pública de São Paulo, a professora resolveu inovar. Segundo ela, para *facilitar* o seu trabalho de avaliação das crianças, também chamado de *sondagem*: dividiu a classe de acordo com as *quatro hipóteses de leitura e escrita*, descritas pela pesquisadora argentina Emilia Ferreiro: o grupo dos alunos "pré-silábicos", o dos "silábicos" (com e sem valor sonoro); o dos "silábico-alfabéticos" e dos "alfabéticos" (ortográficos e não ortográficos), uma estratégia que contraria, frontalmente, os pressupostos e as orientações didáticas do programa.

Passados o trauma e a paralisia inicial decorrentes do "choque de realidade" que situações como estas nos provocam, é preciso retomar o fôlego "pedagógico". A questão é: por onde começar? Prefiro partir do contraponto a estes "casos extremos". Nossas pesquisas[2] também apontam a existência de muitos professores — de escolas públicas! — muito bem formados, experientes, cujo trabalho supera a expectativa de muitos que consideram que a educação

---

2. Refiro-me a pesquisas que têm sido realizadas pelo "Grupo de Pesquisa Formação de Professores, Subjetividade e Questões Contemporâneas" do Programa de Pós-Graduação em Educação da Universidade Católica de Santos.

brasileira está falida e não tem mais jeito! Nem uma coisa nem outra. Ou melhor, podemos dizer que nossa realidade educacional comporta os dois diagnósticos! Em parte, as situações acima descritas são sintomas do excesso de exigências "impostas" aos professores para que "apliquem", em suas salas de aula, os conceitos formulados no interior das "ciências da educação". Qual o grande equívoco dessas demandas? Simples: mesmo que fosse possível "aplicar" uma teoria *na prática*, isso não seria suficiente para garantir a aprendizagem dos alunos, pois há inúmeros outros fatores envolvidos — sobretudo socioculturais — que escapam ao controle (técnico-científico) dos docentes.

Ora, o fenômeno da "aprendizagem" sempre ocorreu, desde os mais remotos tempos da história da humanidade, sem que deles tivéssemos conhecimento! Professores sempre ensinaram (bem ou mal); e alunos sempre aprenderam (ou deixaram de aprender), independentemente das descobertas das ciências! O que nossos estudos indicam é que muitos professores se veem diante do "imperativo" de "serem" *construtivistas* ou *socioconstrutivistas,* em vez de se concentrarem na criação de situações didáticas e de ensino compatíveis com as necessidades de seus alunos concretos. Pressionados a atuar de acordo com determinados "rótulos" em alta no "mercado" das ideias pedagógicas, acabam por verem reduzidas sua autonomia, criatividade e espontaneidade. Stephen Ball — pesquisador britânico do campo das políticas educacionais contemporâneas — chama este fenômeno de *performatividade*. Um fenômeno que, segundo ele, "atinge profundamente a percepção do eu e de nosso próprio valor", pois "coloca em pauta uma dimensão emocional, apesar da aparência de racionalidade e objetividade" (Ball, 2005, p. 550).

Na tentativa de se "enquadrarem" nessas taxionomias epistemológicas e nos seus respectivos modelos educativos, os professores acabam vivendo uma espécie de "paralisia pedagógica" que os leva, no limite extremo, a organizar as situações de ensino de forma tão estereotipada e caricata como os casos antes relatados. Sugiro que recoloquemos as coisas em seu devido lugar: o papel das teorias é o de nos ajudar a compreender melhor os fenômenos de ensino e de aprendizagem. As teorias não foram feitas para serem "convertidas", mecanicamente, em ações pedagógicas apresentadas aos professores em "guias" e "manuais" prescritivos. Esta "pedagogia McDonalds", que, a exemplo dos sanduíches padronizados, visa garantir a (pretensa) qualidade do "produto" a ser "entregue" pelas escolas, esquece que decisões didáticas dependem do olhar atento daquele que, em última análise, é o intelectual responsável pelo ensino: o professor.

Isto posto, penso que já podemos situar nosso leitor/educador frente ao debate das diferenças e semelhanças entre as duas abordagens teóricas mais em voga atualmente: *construtivismo e socioconstrutivismo*. É bom lembrar que mesmo entre os estudiosos e especialistas dos campos da Psicologia e da Psicologia da Educação não há consenso sobre o tema, o que nos deixa numa posição bem mais confortável frente ao nosso "não saber"! A discussão é extensa e complexa, o que me força a restringi-la a apenas dois tópicos: as relações entre aprendizagem e desenvolvimento e as consequências dessas duas visões para as *práticas de ensino*. A ideia é poder ajudar os professores a responder a questão deixada em aberto desde o capítulo anterior: será que existe um jeito *de* "ser" socioconstrutivista?

De certa forma, a discussão sobre a continuidade entre esses dois termos (aprendizagem e desenvolvimento) carrega, em si, um "mistério" semelhante ao antigo dilema: "quem nasceu primeiro, o ovo ou a galinha?". Nos dois casos, embora filósofos e cientistas, imbuídos da mais elevada disciplina e de rigor metodológicos, tenham se empenhado, ao longo de séculos, para desvendar esse "mistério", até hoje continuamos com a mesma dúvida. Apesar disso, seguimos vivendo. Primeira lição: dada a urgência de nosso trabalho, nós professores não podemos esperar pela resposta, pois os alunos nos aguardam na segunda-feira de manhã cedo! Apesar disso, trata-se de um tema que nos diz respeito. Segunda lição: é assim, nesta ordem de urgência, que as coisas se colocam no campo da educação. Prática artesanal, já dissemos!

Pois bem, vamos direto ao ponto para sermos mais pragmáticos (o que não é pecado e nem palavrão!). Com base em suas investigações psicogenéticas, Piaget não tinha dúvidas sobre isto: primeiro a criança se desenvolve e, como consequência, aprende. Já Vygotsky, o investigador soviético, estava convencido do contrário: a aprendizagem (efeito do *ensino*) é que promove o desenvolvimento. Cá entre nós, a leitura de um e de outro, os argumentos de um e de outro parecem tão plausíveis, coerentes e "reais" que até nos confunde. O problema é que somos de certa maneira "forçados" a optar entre um e outro, para manter a coerência de nosso trabalho! Além disso, no meio educacional, concordar com um *ou* com outro significa participar de "tribos" diferentes, até opostas!

Decidir sobre este assunto tem a ver com identificar o *lugar* de onde olhamos para a tríade pedagógica: nossos alunos, nós mesmos e os objetos de ensino. Tentarei esclarecer: essa mesma questão (a do *lugar* de onde olhamos o mundo para compreendê-lo) esteve na origem (e não apenas nos resultados) das pesquisas dos dois pensadores aqui em pauta. O leitor vai lembrar que falamos, anteriormente, de uma "dívida simbólica"[3]. O "pagamento" de tal "dívida" se dá pela transmissão do legado cultural (conhecimentos, valores) que recebemos às novas gerações. Um exemplo simples: ensinamos as crianças a comer de garfo e faca porque nos sentimos "obrigados" de certa forma a convencê-los de que é "assim que se come" (na sociedade "civilizada"). Pois bem, podemos identificar claramente, nos trabalhos de Piaget e Vygotsky, as marcas da "filiação" intelectual de cada um no ponto de partida e nos desdobramentos de suas produções. Por isso é sempre muito interessante conhecer um pouco da biografia e da trajetória intelectual daqueles a quem desejamos nos "filiar".

Como se sabe, a formação inicial de Piaget se deu no campo da Biologia, uma ciência que aprendeu a apreciar desde menino. De sua formação filosófica — a que recorreu para esclarecer algumas crises intelectuais vividas na adolescência em torno de "problemáticas religiosas" — a que mais lhe provocou interesse foi a "epistemologia": a área da Filosofia que se dedica ao estudo do conhecimento. Suas pesquisas sobre os processos de formação e desenvolvimento da inteligência humana não apenas se *devem* a essa dupla filiação como também carregam dela os seus principais pressupostos. Vale a pena deixar que ele mesmo esclareça essa paixão:

---

[3]. A expressão foi utilizada pelo psicanalista francês Jacques Lacan (1901-1981), para se referir aos tributos que todos nós "devemos" à nossa filiação cultural.

[...] a identificação de Deus com a Vida em si mesma era uma ideia que me mobilizava até o êxtase porque me permitia, a partir daí, ver na Biologia a explicação de todas as coisas e *mesmo a do espírito*. [...] O problema do conhecimento, na realidade, o problema epistemológico, pareceu-me imediatamente sob uma perspectiva completamente nova e como um tema de estudo fascinante. Isto me levou a tomar a decisão de consagrar minha vida à explicação biológica do conhecimento. (Piaget, apud Leite, 1995, p. 15; grifo meu)

O ambiente cultural e histórico em que Vygotsky viveu e desenvolveu suas pesquisas foi muito diferente. Embora tenha nascido no mesmo ano do nascimento de Piaget (1896), o intelectual soviético morreu precocemente, aos 37 anos. A maior parte de sua intensa produção intelectual e científica se deu nos primeiros tempos da Rússia pós-revolucionária, marcada pelo clima intelectual efervescente da época para a construção de uma "nova" sociedade: a sociedade socialista. Marta Khol, professora brasileira estudiosa do pensamento de Vygotsky, explica que foi nesse contexto que se definiu a tarefa intelectual a que ele e seus colaboradores se dedicariam durante toda a vida: "a tentativa de reunir, num mesmo modelo explicativo, tanto os mecanismos cerebrais subjacentes ao funcionamento psicológico como o desenvolvimento do indivíduo e da espécie humana, ao longo de um processo sócio-histórico" (Oliveira, 1993, p. 14). Sua filiação aos princípios da filosofia marxista (materialismo dialético) fica, aqui, evidente.

Mas por que mesmo fizemos esse "passeio" rápido pela vida dos dois pensadores? Porque argumentávamos que as explicações sobre a relação de continuidade entre as noções de "aprendizagem" e "desenvolvimento" dadas por eles têm fortes vínculos com a "filiação" intelectual de cada um. Num certo sentido, seria justo dizer que, em suas pesquisas, eles encontraram justamente aquilo que procuravam. Assim, Piaget sustentará que a aprendizagem *decorre* dos processos de desenvolvimento (maturação biopsicológica), pois essa é a tese que confirma os pressupostos de suas pesquisas: a de que a inteligência se desenvolve a partir de estruturas iniciais do organismo biopsicológico. Em caminho inverso, Vygotsky defenderá que esses processos se inter-relacionam porque o desenvolvimento das "funções psicológicas superiores" envolve e requer a aquisição de elementos provenientes do ambiente histórico e cultural.

Para Piaget, o desenvolvimento do pensamento é condição para que uma criança *aprenda* determinados conceitos ou formas de raciocínio. Esse desenvolvimento, por sua vez, é resultado de uma intensa *atividade* que parte do sujeito em direção aos objetos do mundo (coisas, fatos, fenômenos, outras pessoas) por meio da qual ele constrói e reconstrói significados. De acordo com esse postulado, o *ensino* (portanto, as intervenções de um adulto ou do professor) não terá nenhum efeito *significativo* caso se antecipe às condições e características de cada etapa do desenvolvimento cognitivo do sujeito. Daí a ideia, deduzida de suas próprias palavras, de que para ser um *bom* professor seria preciso ser também um pouco "psicólogo". Seria o caso de explicitar o que está apenas subentendido (mas não dito) nesta afirmação: um psicólogo de preferência *filiado* aos princípios e pressupostos de *sua* teoria, claro!

Voltemos a Vygotsky para clarear a contraposição das teses deste autor ao modelo piagetiano. Recorro novamente a uma observação de Marta Khol de Oliveira que considero muito esclarecedora: em russo, a palavra que designa "aprendizagem" (*obuchenie*) também significa "ensino". A aparente ambiguidade do termo contém, em si, uma grande riqueza de significado: designa algo como "processo ensino-aprendizagem" (Oliveira, 1993, p. 57). A autora justifica, assim, o uso do termo "aprendizado" (no lugar de aprendizagem) por lhe parecer mais apropriado em referência a um processo que pressupõe a *interação social*. Embora Vygotsky jamais tenha desprezado o princípio da "atividade" do sujeito no processo de conhecimento (ponto que o aproxima das teses construtivistas de Piaget), o fato é que ele estava convencido de que as disposições naturais (do organismo biológico) apenas dão *suporte* ao aprendizado. Em outras palavras, um indivíduo (mesmo com todo o seu aparato mental funcionando normalmente) não aprenderia nada se não tivesse contato e se não interagisse com outros sujeitos de seu ambiente social e cultural. Um filme muito interessante que ilustra o que estamos dizendo merece ser assistido por todo professor que se interessa pelo tema: chama-se *O enigma de Kaspar Hauser*, do cineasta alemão Werner Herzog (1974).

Vygotsky chamou de *funções psicológicas superiores* a capacidade de raciocinar, prever, planejar, estabelecer relações que, entre outras capacidades, distingue o homem de outros animais. Diferentemente das abelhas que estão programadas, por seu código genético, para fazer o mel, o ser humano só se desenvolve a partir daquilo que *aprende* nas relações e inter-relações que estabelece com outros homens em um contexto social e cultural determinados. E assim chegamos a outro conceito de sua teoria socioconstrutivista: o de "mediação". Entendê-lo adequadamente é muito importante para não incorrermos em outros equívocos pedagógicos.

Aparentemente, uma criança pode aprender "sozinha" a manusear e operar (e até melhor do que os adultos) um computador. Esse aprendizado, porém, não se dá *diretamente* com o objeto. Para explorá-lo em toda a sua potencialidade, a criança primeiro observou alguém usando essa ferramenta (altamente sofisticada) para alguma finalidade social: buscar informações, comunicar-se, trabalhar ou simplesmente como forma de "lazer". Assim, é por intermédio do *outro* que ela aprende a denominá-lo de "computador", a reconhecer os seus diversos usos sociais e a compreender o *valor* que lhe é atribuído pelo grupo a que pertence.

Um professor apressado poderia imediatamente perguntar: se isto é ser "socioconstrutivista", então como é que eu faço para ser "mediador" da aprendizagem de meu aluno em sala de aula? Fico tentada a simplesmente responder: continue fazendo o que você *já* faz, espontaneamente! Ou seja, o fato de conversarmos com nossos alunos, de respondermos as suas dúvidas, de comentarmos uma notícia de jornal ou da televisão, de esclarecermos o significado de uma palavra desconhecida, de orientá-los quanto aos procedimentos para usar um instrumento ou resolver um problema já é "mediar" o seu processo de aprendizagem. Em outras palavras, Vygotsky não inventou a "mediação", mas a descobriu, isto é, explicitou que *é isso* o que acontece entre os sujeitos de uma mesma cultura e que os faz aprender! Simples assim. Em síntese, a *mediação* é condição inerente ao fato de que os homens existem, se desenvolvem e aprendem em um meio social. Só que este meio não é um "cenário" no qual estamos "inseridos" (palavra muito utilizada no jargão pedagógico!). Mais uma vez é a professora Marta quem nos explica:

> [...] quando Vygotsky fala em cultura, não está se reportando apenas a fatores abrangentes como o país onde o indivíduo vive, seu nível socioeconômico, a profissão de seus pais. Está falando, isto sim, do grupo cultural como fornecendo ao indivíduo um ambiente estruturado, onde todos os elementos são carregados de significado. (Oliveira, 1993, p. 37)

Ao ler esse trecho, lembrei-me de um fato que ilustra a explicação da autora: meu filho, quando tinha mais ou menos dez anos, viveu uma "aventura" inesquecível para um garoto de sua idade. Viajou de ônibus (sozinho, sem a companhia de adultos) com o primo de 12 no trajeto entre Porto Alegre e Dom Pedrito, onde ele nasceu e se criou. Para quem não sabe, Dom Pedrito é um município da campanha gaúcha, perto da divisa com o Uruguai, a uns 500 quilômetros de distância da capital do Rio Grande do Sul. Para um paulistano acostumado com a cidade grande, quase tudo era novidade. E aí vem o fato pitoresco: lá pelas tantas, cutucou o primo que estava quase dormindo, entusiasmado com a paisagem: "olha, 'meu', que belo campo de futebol!". Com ar de desgosto de quem pensava "êta guri burro mesmo", o gauchinho respondeu: "mas tu não tá vendo, tchê, que isso não é campo de futebol!? Quem não sabe que isto é um arrozal!?". Um bom exemplo de "mediação" entre pares.

Acontece que, embora soubesse muito bem o que é arroz, meu filho não tinha a menor ideia do que fosse um *arrozal*! Foi preciso que visitasse uma fazenda de plantação de arroz para que se desse conta da "bobagem" que havia dito! Depois de se encharcar quase até os joelhos no meio da plantação, concluiu: "mas eu era burro mesmo, como podia querer jogar futebol num campo de arrozal!". Pronto! Juntando a experiência concreta com a palavra arrozal, *internalizou* o conceito. Internalização foi o nome dado por Vygotsky a esse processo em que o sujeito passa a utilizar as marcas externas da cultura (no exemplo, um signo verbal) como parte de um sistema interno de mediação de seu pensamento: as representações mentais. A linguagem é exatamente isto: um sistema sofisticado e complexo de representações mentais por meio do qual mediamos nossa relação com o mundo.

Certamente a teoria "socioconstrutivista" é muito mais complexa e requer um estudo sistemático por parte daqueles que se interessam pelo tema. Dentro dos objetivos deste trabalho, contudo, penso que conseguimos fazer uma aproximação suficiente dessas noções. Falta ainda desvendar o "enigma" a partir do qual a professora de nosso primeiro exemplo organizou as "fileiras" de seus alunos. O conceito de *zona de desenvolvimento proximal* é talvez o mais "conhecido" entre educadores, mas, como vimos, nem sempre é bem compreendido. Tentarei, de maneira breve e objetiva, elucidar também por meio de exemplos, a que ele se refere.

Diferentemente de Piaget, Vygotsky não descreveu o desenvolvimento infantil em estágios sucessivos. Alguns autores atribuem esse fato à sua morte precoce, mas também podemos pensar que a noção de "plasticidade" da mente humana em função da diversidade dos ambientes culturais seja a que melhor explica este fato. Entretanto o pesquisador russo formulou alguns conceitos para explicar como ocorre o desenvolvimento das funções psicológicas superiores que, como já vimos, depende de um ambiente "ensinante". Para designar a capacidade do indivíduo de realizar sozinho qualquer tarefa, Vygotsky criou a expressão *nível de desenvolvimento real*. Ou seja, o conceito se aplica àquilo que o sujeito *já sabe*. Assim, dizemos que uma criança *já sabe* andar, comer, andar de bicicleta, por exemplo, quando ela realiza essas atividades de forma independente, sem ajuda.

Há coisas que uma criança, embora não saiba fazer sozinha, pode fazer com ajuda de alguém. Em certo sentido, precisamos "apostar" nessa possibilidade. A esta possibilidade chamou de *nível de desenvolvimento potencial* do sujeito que aprende. Como exemplo, podemos citar qualquer tipo de atividade, desde as que requerem maior envolvimento motor (pular corda, "amarelinha", encaixar ou empilhar peças com diferentes tamanhos e cores etc.) até as que exigem operações mentais mais sofisticadas (como formar pares de figuras iguais ou relacionadas, como no "jogo da memória", de "dominó") e também outras de maior complexidade, incluindo a escrita, os cálculos matemáticos e assim por diante. Entendendo que essa "aposta" é feita por alguém que ocupa a posição daquele que "ensina", é lógico que é necessário ter bom senso. Uma criança de 2 anos não conseguirá andar de bicicleta sozinha, por mais que a auxiliemos "adequadamente", enquanto uma de 5 ou 6 poderá se beneficiar de nossas instruções e de nosso apoio para, em pouco tempo, adquirir independência nessa atividade. Ou seja, o aprendizado dependerá, até certo ponto, também do amadurecimento do organismo (motor e mental) daquele que aprende. Esses dois fatores precisam estar bem sintonizados.

O conceito de *zona de desenvolvimento proximal* (ZDP) foi formulado por Vygotsky, portanto, para designar os movimentos de transformação e de passagem de um nível de desenvolvimento a outro. Durante esse período, o aprendiz é capaz de realizar tarefas ou operações determinadas *com a ajuda de alguém*. Dito de outro modo, a ZDP é a *distância* que separa o que um indivíduo "já sabe" (nível de desenvolvimento real) daquilo que se espera que seja capaz de realizar na etapa seguinte (nível de desenvolvimento potencial). É exatamente nessa "distância" que a intervenção deliberada e intencional do adulto, professor criança mais velha (ensino), será de extrema importância para desencadear os processos de desenvolvimento do sujeito.

De posse dessas noções, já podemos avaliar não apenas o absurdo conceitual, como também o tamanho do "estrago" pedagógico que uma atitude como a descrita no exemplo que abre este capítulo poderia causar no processo de desenvolvimento das crianças. O absurdo da decisão ("cientificamente fundamentada") da professora de formar três grupos de alunos de acordo com as "categorias vygotskyanas" refere-se à sua não compreensão de que, primeiro, a ZDP é exatamente a *ponte* que permite a passagem de um nível de desenvolvimento a outro; depois, de que qualquer aluno sempre se encontra simultaneamente nas três posições, dependendo do objeto de aprendizagem em questão. Em outras palavras, há sempre coisas que *já sabemos* e outras que *ainda não sabemos*, e isso pela vida afora! Mas o maior "estrago" pedagógico de tal "iniciativa" diz respeito ao estigma que provavelmente criou nos alunos por efeito de uma decisão supostamente tomada com base num saber "científico". Não é preciso nenhum saber científico para identificar o que moveu a professora a tomar tal decisão: consciente ou inconscientemente, ela reproduziu — usando outra nomenclatura — a velha e conhecida divisão da turma entre os "fracos", os "fortes" e os "mais ou menos".

Encerramos este capítulo sem resolver o problema de origem (aprendizagem *versus* desenvolvimento) sintetizado no dilema de quem veio primeiro, se *o ovo ou se a galinha*. A resposta depende, como dizíamos, do lugar de onde olhamos para esta questão. Rigorosamente, não depende de um conhecimento "científico", mas do posicionamento filosófico que orienta nossa visão de homem, das suas relações com o mundo e com os outros homens. Quanto à problemática de atuar como um professor "construtivista" ou "socioconstrutivista", podemos dizer que se este professor se identifica com as teses piagetianas privilegiará uma atitude de "observação" frente aos processos de desenvolvimento cognitivo e de construção de "hipóteses" de seus alunos em suas relações com os "objetos de conhecimento". Esse professor, então, tenderá a fazer intervenções mais "pontuais", com a intenção de provocar "desequilíbrios cognitivos" para fazê-los avançar. Fará mais perguntas do que dará respostas. Já um professor que se identifica com os postulados de Vygotsky se sentirá mais à vontade para antecipar, ensinando, o que o aluno "ainda não sabe". E, na medida em que *ensina*, procurará observar se pode ou não — e também o quanto pode — avançar para que desenvolvimento e aprendizado ocorram em sintonia.

Esses dois "tipos ideais", no entanto, são meras abstrações. Insisto: se nos ocuparmos mais em monitorar nossas práticas para saber se estas se enquadram neste ou naquele modelo, se elas se situam sob este ou aquele "rótulo", correremos o sério risco de nos distanciarmos de nossa tarefa educativa. Ou, o que é pior, de padecermos do mesmo "mal" de que foram vítimas o Dr. Schreber, o médico Itard e o Dr. Frankenstein, analisados no trabalho de Conceição Azenha (2007) mencionado no primeiro capítulo deste livro. Que mal? O de ousarem colocar em ação o delirante projeto de "fabricar" o "outro" (educando) a partir de modelos míticos pautados na pura "ciência".

Tanto na realidade como na ficção, tais projetos resultaram não só em fracasso, mas também em desgraça. Este tema também foi tratado pelo pensador francês Philippe Meirieu num livro, infelizmente não traduzido para o português, chamado *Frankenstein educador* (1998). No prefácio da edição espanhola, o autor dá pistas das motivações que o levaram a explorar a narrativa de Mary Shelley para apoiar suas reflexões sobre educação e sobre os educadores. Arrisco traduzir livremente um trecho que me parece útil para concluir o raciocínio que venho delineando ao longo deste livro: o de que, a despeito da importância de estudar, compreender e dominar determinados conhecimentos científicos, o ato educativo — porque essencialmente humano — é e será sempre presa da impossibilidade de obter êxito. Deixarei que Meirieu apresente os argumentos que reforçam essa tese para concluir este capítulo:

[...] seja qual for meu nível de informação científica, e sejam quais forem as formas precisas das situações educativas em que estou imerso [...] independentemente das circunstâncias, haverei de enfrentar-me com a mesma realidade irredutível: o face a face com o "outro" a quem devo transmitir o que considero necessário para sua sobrevivência ou para o seu desenvolvimento e que resiste ao poder que quero exercer sobre ele; o face a face com "alguém" que está, em referência a mim, numa relação primordial de dependência inevitável; "que me deve tudo" e de quem quero fazer "algo", mas cuja liberdade escapa sempre à minha vontade. (Meirieu, 1998, p. 19)

Capítulo 6

Brincar e aprender: afinidades eletivas entre cigarras e formigas

> Ao indivíduo resta a liberdade de se ocupar com o que o atrair, com o que lhe der prazer, com o que julgar útil, mas o verdadeiro objeto de estudo da humanidade é o homem.
>
> *Goethe*

Todos conhecem a fábula da Cigarra e da Formiga e sabem que esse gênero literário é muito usado para *ensinar* às crianças (mas também aos adultos) um conteúdo "moral". No caso desta fábula, a lição é simples: "quem trabalha duro será recompensado no futuro." Na versão atribuída a Esopo e recontada por La Fontaine, o personagem virtuoso é a Formiga: trabalhadora, previdente e capaz de renunciar aos prazeres imediatos desta vida em função de objetivos nobres e de longo prazo. Em contrapartida, a Cigarra figura como exemplo a não ser seguido (lógico) porque só pensa em se divertir e brincar. A consequência (ou punição?) é que acabará ficando no prejuízo! Recorro novamente à literatura para tratar de um assunto que interessa particularmente aos professores: as possíveis afinidades — e também as diferenças — entre "brincar e aprender". Antes que o leitor conclua que me dirijo apenas àqueles que trabalham com crianças, faço já uma advertência: este assunto diz respeito também aos adolescentes e aos adultos, pois brincar e aprender são atividades (humanas) pra vida toda! Portanto, não fechem o livro.

Mas por que este é um assunto que desperta tanto interesse? Diria que por duas razões. A primeira porque aqueles que, inconformados com a "insuportável" tendência dos alunos de brincar e se divertir durante as aulas, procuram respostas para a seguinte questão: haverá alguma maneira de "curar" essa espécie de "síndrome de cigarra" que impede que eles prestem atenção nas aulas e estudem? A segunda diz respeito a um segundo grupo de preocupações: como posso transformar minha aula em uma atividade interessante que desperte, no aluno, o prazer de aprender? Como já estamos quase no final do livro, o leitor já entendeu que não estou me dirigindo a duas classes de professores: os tradicionais e os "renovados", progressistas ou qualquer outro nome que se aplique a posturas mais criativas e flexíveis em educação. Estou falando para os dois. Ou melhor, estou falando de dois sentimentos (aparentemente conflitantes) que todos nós experimentamos. Sejamos honestos: quem, mesmo com a melhor das disposições pedagógicas, já não se desesperou frente à indisciplina e ao desinteresse dos alunos? Da mesma forma, um professor mais formal ou visto como "conservador" não pode ser confundido — ou "rotulado" — com alguém que só dá aulas monótonas e desinteressantes!

Este mesmo critério se aplica aos alunos. A clássica imagem da criança que que traz "maçãs" para a professora nos remete ao padrão do "bom (ou boa) aluno(a): aplicado(a), obediente, sempre com as lições em dia. Mas crianças reais, ao contrário, invariavelmente estão ocupadas com suas imaginações e fantasias infantis. Dão "trabalho" para os professores. Mas se nossas salas de aula estivessem repletas desses personagens (fictícios), nossa rotina até poderia ser mais tranquila, mas (convenhamos) também seria bem mais entediante! Nada mais cansativo do que a estereotipia: ninguém merece comer só maçãs! Quem nos desafia, mesmo, são os do "fundo da sala". Portanto, tentemos novamente fazer um exercício de equilíbrio. Nem tanto ao mar, nem tanto à terra.

Minha proposta de análise está contida no título "afinidades eletivas" — é uma alusão a outra obra da literatura e título de um romance de Goethe, escritor e cientista alemão, escrito em 1809. Poderíamos dizer que, no livro, Goethe "brinca" com a ideia de transportar para as relações humanas um conceito retirado das ciências naturais: a expressão "afinidades eletivas" refere-se a uma lei da química segundo a qual os opostos se atraem. O romance conta a história de quatro personagens cujos traços constrastantes de suas personalidades são responsáveis pelos movimentos de atração e rejeição entre eles. Muito interessante! Recomendo a leitura aos professores, em suas horas de lazer.

Mas agora é hora de trabalhar: e nos dispusemos a fazer essa aproximação entre a ideia contida no título do romance de Goethe com a problemática colocada na fábula de La Fontaine. Será que entre cigarras e formigas há tantas divergências assim? Há quem tenha contado a história de um outro jeito. Numa outra versão, o cantar da cigarra foi interpretado como sendo o *seu* "trabalho". Então, em vez do confronto, descobrimos a possibilidade de "conciliação" entre cigarras e formigas. A cantoria da cigarra transformou o trabalho da formiga em algo bem menos penoso. Ah, desse jeito até dá pra ver alguma virtude na cantoria da cigarra!

Desculpem, mas continuamos com o mesmo problema: enquanto o *prazer* advém do canto da cigarra, o *esforço* ainda continua por conta da formiga. Ou seja, a paz entre as duas foi fruto de um "acordo" (de complementaridade) que, convenhamos, pode ser quebrado a qualquer hora por quem se sentir "prejudicado". O que buscamos saber é se é possível a coexistência do prazer e do esforço na *mesma* atividade (trabalho). Voltemos, então, aos termos-chave do título, que é o ponto que interessa para o trabalho na escola. Vamos tentar responder a duas perguntas: a) quais as diferenças e as semelhanças entre brincar e aprender? b) qual é o "segredo" para que essas duas atividades coexistam e transformem o trabalho dos alunos — mas também o dos professores — em algo prazeroso?

Brincar aparece no dicionário com o sentido de "divertir-se infantilmente; entreter-se em jogos de criança; distrair-se; gracejar". Até aí, nenhuma novidade: estes são os usos corriqueiros do verbo *brincar*. Mas também usamos brincar e brincadeira como o que se opõe àquilo que é "sério", o que fica evidente em expressões do tipo "Não me leve a sério, eu estou apenas brincando" ou "desculpe, foi só uma brincadeira!". Vejam que interessante: a ideia embutida nessas expressões toma a palavra "sério" como sinônimo de "verdade", o que nos conduziria a pensar na brincadeira como o seu oposto: como *mentira* ou, ainda, como *ilusão*! Deixemos essas ideias em suspenso para retomá-las mais adiante. Há ainda outra noção que se associa aos termos "brincar", "brinquedo", "brincadeira". Etimologicamente, brincar tem a mesma raiz da palavra "brinco", o adereço que usamos como enfeite nas orelhas. A familiaridade entre os termos não é apenas sonora, eles pertencem a uma mesma cadeia de significados. Assim, tanto "brinco" (pingente) como "brincar" têm origem na palavra latina *vinculum*, que quer dizer "laço", no sentido de *união com*.

Ora, se assim é, ao sentido originário do termo *brincar* está subentendida a existência de algo ou alguém *com quem* se estabelece uma ligação, um vínculo, uma *relação*. Isso nos faz pensar que o brincar, mesmo quando solitário, pressupõe *o outro*. O leitor já lembrou, com certeza: já tratamos disso em capítulos anteriores quando falávamos de "aprender". Ótimo! Estamos nos aproximando de uma semelhança muito interessante. Para além do sentido comum encontrado nos dicionários (*adquirir conhecimentos; tornar-se apto ou capaz de alguma coisa*), a palavra "aprender" vem do verbo latino *apprehendere*, que quer dizer "apanhar, recolher, segurar". Interessante que essas ações expressam "gestos" que nos remetem à ideia de tomar para si, *apropriar-se* de algo que está *no mundo ou na posse de alguém*. Ora, para que possamos nos apropriar desse objeto (apreendê-lo), é necessário estabelecer uma *relação* ou um *vínculo com quem o possui* (*um outro, adulto ou professor*).

Chegamos, assim, ao primeiro ponto comum entre brincar e aprender: o *vínculo* com alguém. Só é possível brincar *com* alguém, da mesma maneira que só é possível aprender *com* alguém. É sempre bom lembrar: mesmo quando a criança está brincando ou aprendendo algo *sozinha*, ela o faz a partir de noções ou personagens já "internalizados". O mesmo se passa com os jovens e com os adultos. As noções de mediação e internalização, discutidas anteriormente, nos serão úteis agora para compreendermos melhor esse fenômeno.

Além dessa, existe outra semelhança: tanto o *brincar* como o *aprender* compartilham de uma mesma dimensão *lúdica*. Mas para falar dessa semelhança será preciso, primeiro, apontar a *diferença* fundamental entre esses dois termos que se refere à finalidade destas duas atividades, do ponto de vista do sujeito. Na brincadeira não existe compromisso rigoroso com o mundo objetivo, dos fatos reais. Isso porque o brincar pressupõe uma "suspensão temporária" da realidade. Exemplo: um pedaço de pau, para uma criança que brinca, pode "virar" um carrinho, um avião, uma espada. Na brincadeira, o mais importante são os aspectos da realidade subjetiva do sujeito. Daí seu caráter lúdico, de fantasia, típico do "faz de conta". Acabada a brincadeira, porém, o pedaço de pau volta a ser apenas o que ele é.

Em contraste, o "aprender" pressupõe e requer que o sujeito leve em conta os limites impostos pelo real, as regras de funcionamento do mundo e do grupo, o que implica tolerância à frustração e disciplina na execução de uma atividade. Assim, mesmo quando nos valemos do auxílio de "jogos" ou de outras atividades lúdicas como estratégias de ensino e aprendizado, não podemos nunca perder de vista que o que está em "jogo" é aprender algum conceito, alguma habilidade ou atitude. As aulas de Educação Física são ótimas para ilustrar como essas três aprendizagens podem ocorrer juntas, numa mesma atividade. Podemos pensar nos conceitos, nas habilidades e atitudes implicadas no ensino-aprendizagem do jogo de vôlei. Mas continuemos nosso raciocínio. Se, por exemplo, durante uma atividade *lúdica* utilizada pelo professor para *ensinar* as regras de uso do "dinheiro" com o auxílio do jogo "Banco Imobiliário", as crianças estiverem mais envolvidas com o "ganhar ou perder", e não concentradas no entendimento das operações (matemáticas) que realizam *enquanto* brincam, pouco valor "pedagógico" terá tido essa atividade no sentido de converter o que aprenderam, informalmente, em conceitos formais. Aproveito a oportunidade para fazer referência a uma indagação que tem sido formulada, repetidas vezes, com o sentido de crítica ao modo de ensinar da escola. Como pode uma criança não ser capaz de resolver as operações matemáticas fundamentais (adição, subtração, multiplicação e divisão) se "na vida" elas utilizam e manejam esses conceitos, com muita habilidade, calculando o troco ou estimando quantos pacotes de figurinhas de R$ 0,75 é possível comprar com R$ 10,00?

Recorro desta vez a Vygotsky para tentar apresentar uma resposta mais consistente em vez de simplesmente sugerir que a "culpa" é dos professores. Temos notícia de que o pesquisador soviético e seus colaboradores desenvolveram diversas pesquisas tendo em vista, justamente, compreender os efeitos cognitivos entre aqueles que passaram e os que não passaram pela experiência formal de aprendizagem, isto é, pela escola. Com base nesses estudos, Vygotsky concluiu:

> A educação [escolar] pode ser definida como o desenvolvimento artificial da criança. [...] [sendo assim, ela] não apenas influi sobre uns ou outros processos do desenvolvimento,

como também reestrutura, de maneira mais essencial, todas as funções da conduta. (Vygotsky, apud Baquero, 1998, p. 76)

Trocando em miúdos, a escolarização promove o desenvolvimento de certas capacidades de raciocínio que, espontaneamente, não ocorreriam. E por quê? Porque o conhecimento escolar, diferentemente da aprendizagem espontânea da experiência, é organizado e transmitido (é essa, sim, a palavra, *transmissão*) com base em categorias conceituais generalizáveis que, quando internalizadas (aprendidas), passam a ser utilizadas como ferramentas de raciocínio mais ou menos "descontextualizadas". E que, justamente por isso, se aplicam a diferentes situações, e não apenas àquela que está sendo pontualmente realizada (dar o troco correto, por exemplo).

Como sei que a palavra "descontextualizada" pode pegar mal, já explico o que Vygotsky quis dizer com isso, por meio de outro exemplo: se conseguirmos fazer com que a criança compreenda o conceito de "multiplicação" como "soma de grupos com a mesma quantidade de elementos" — que, no começo, claro, deve ser realizada com o auxílio de material concreto, como nos ensinou Piaget —, toda vez que ela ouvir a palavra "multiplicação" saberá a qual operação mental (lógico/matemática) essa palavra se refere. E isso independentemente de um contexto concreto específico. Assim, com a palavra "descontextualizada", Vygotsky estava se referindo à capacidade de "abstrair", que, para Piaget, é conquistada no estágio das "operações formais".

Voltando ao exemplo daquele suposto aluno que sabe realizar operações matemáticas com certa desenvoltura *na vida*, mas não sabe *na escola*. Das duas uma: ou, de fato, esse conhecimento foi transmitido apenas "mecanicamente" e numa linguagem tão abstrata que não o ajudou a relacionar os conceitos com os saberes de sua experiência, *ou* — o que também é provável — a escola pecou por excesso de "informalidade". Isto é, se ensinarmos as crianças *somente* por meio de jogos, situações lúdicas e "prazerosas", não as ajudaremos a formalizar, conceitualmente, o que aprenderam. E isso só à escola compete cumprir, o que se faz por meio da apresentação e do uso rotineiro de certas nomenclaturas científicas (multiplicação, divisão, frações, raiz quadrada, etc.). O mesmo se aplica ao ensino da língua. Em nome da tal "aprendizagem significativa", alguns "pseudoconstrutivistas recomendam, por exemplo, que não se deve trabalhar com os nomes das categorias gramaticais (substantivos, verbos, adjetivos, advérbio etc.). Se insistirmos nesse dogmatismo pedagógico, estaremos arriscados a deixar cair no esquecimento parte significativa dos conhecimentos científicos, artísticos, filosóficos, que, afinal, são um patrimônio histórico e cultural da humanidade. Meus colegas haverão de concordar que, de certa forma, isso já vem acontecendo há algum tempo!

Retornemos ao nosso assunto: similaridades e diferenças entre o brincar e o aprender. Já vimos que há entre essas atividades duas semelhanças importantes: a ideia de que sempre ocorrem numa relação de vínculo com o *outro* e a de que compartilham uma mesma dimensão lúdica. Fiquei de explicar melhor este ponto. Fica mais fácil agora, depois de termos explorado a diferença fundamental entre as duas: a finalidade do brincar é "suspender a realidade" temporariamente; enquanto a do "aprender" é justamente o compromisso de lidar com a realidade, como ela é. A dimensão lúdica *comum* ao brincar e ao aprender está na relação de continuidade que existe entre eles. E para tratar deste tema trago para a nossa conversa um autor bem menos conhecido dos educadores, mas cujas contribuições eu colocaria em patamar de equivalente grandeza a dos grandes "mestres" mencionados neste trabalho. Falo do médico pediatra e psicanalista inglês Donald D. Winnicott (1896-1981).

Winnicott desenvolveu uma bela e consistente teoria sobre a capacidade dos indivíduos de se relacionarem, criativamente, com o mundo e com os objetos da cultura, como a filosofia, as artes, as ciências. Não conseguiria, nos limites que ainda disponho neste livro — que já está chegando ao fim —, apresentar uma análise mais aprofundada do pensamento deste autor, o que já foi feito em outro trabalho (Rosa, 2010). No entanto me esforçarei para, de modo breve, dar uma ideia da riqueza de suas contribuições e instigar meus colegas educadores a aprofundar esta reflexão por meio da leitura de suas obras. A originalidade do pensamento de Winnicott foi a de ter postulado a existência de uma "terceira área" de experiência humana que não se confunde com a total subjetividade (ou realidade do *inconsciente*, descrita pela psicanálise) e nem com a pura objetividade (ou realidade externa), campo da produção científica. Trata-se — segundo Winnicott:

> [...] de uma área que não é disputada, porque nenhuma reivindicação é feita em seu nome, exceto que ela exista como lugar de repouso para o indivíduo empenhado na perpétua tarefa humana de manter as realidades interna e externa separadas, ainda que inter-relacionadas. (Winnicott, 1975, p. 15)

É nessa área, também chamada por ele de "espaço potencial" — que está a meio caminho entre o nosso mundo subjetivo e o mundo objetivo — que a criança pequena *aprende* a "brincar" e, mais tarde, na vida adulta, a fruir e a contribuir com a experiência cultural. A dificuldade de compreensão desse conceito — mas também toda a sua riqueza — reside no fato de que não se refere a um lugar "concreto", tangível. É um espaço construído na *relação de confiabilidade* que estabelecemos com o *outro*. E este primeiro *outro* da vida de qualquer ser humano é a mãe (ou aquele que desempenha a *função* materna). Acompanhar esse raciocínio requer certo *esforço criativo* de nosso leitor. Mas, acreditem, vale a pena.

A metáfora da "primeira mamada" nos permite deduzir a *qualidade* original que o autor confere à atividade do brincar, e, embora ele não tenha se dedicado ao tema da aprendizagem, podemos, com tranquilidade, aplicar o mesmo atributo à experiência de aprender. Winnicott sugere que o contato sublime entre a mãe e o bebê durante a amamentação abre um mundo de possibilidades criativas para o "filhote humano" a partir da primeira experiência de "ilusão" que a mãe lhe possibilita. Mas que ilusão é essa de que fala Winnicott? Imaginemos a seguinte cena: o bebê (que ainda desconhece os limites que separam o "eu" do "não eu", isto é, da mãe e do ambiente externo) sente fome (necessidade de alimento). A mãe, atenta, neste exato momento, lhe apresenta o seu seio. Nosso personagem central — o bebê — vive, então, sua primeira experiência de "existir" por meio da *ilusão* de ter, ele próprio, "criado" o seio ou o leite que foi capaz de saciar sua fome.

Para Winnicott, a construção da noção de que existe uma realidade externa, para além de si mesmo, começa assim, *a partir* dessa experiência de ilusão do bebê de ter "criado" o mundo. É assim também que se constitui aquela "terceira área da experiência", em que posteriormente a criança poderá brincar criativamente. Numa linha de continuidade, podemos afirmar que é nessa *mesma área* (entre o mundo subjetivo e o objetivo) que a criança aprende. Pois quem poderá negar que a brincadeira é um misto de fantasia e realidade e que, também, no processo de aprender, formulamos nossas hipóteses com o material disponível tanto em nossa subjetividade como nos elementos que encontramos disponíveis fora de nós mesmos? A favor deste argumento, já encontramos, como vimos, muitos elementos nas contribuições de diferentes teóricos apresentadas neste livro.

Para concluir, não posso deixar de alertar meus colegas professores sobre o paradoxo que tentei delinear desde o começo deste capítulo. Apesar de partilharem a mesma dimensão lúdica e de se situarem na mesma área da experiência humana — descrita por Winnicott —, brincar e aprender não são a mesma coisa. São atividades de natureza e funções diferentes. A brincadeira flui sem compromisso com a "objetividade", por isso é criativa como o canto da cigarra. No processo de aprender, somos requeridos a fazer algum tipo de renúncia, o que implica ceder ao que (o princípio da) "realidade" nos impõe como limite, como resistência. Nem por isso aprender é uma atividade menos prazerosa, como bem sabem as formigas, persistentes e trabalhadoras. Chegamos, assim, ao entendimento sobre as "afinidades eletivas" existentes entre os conceitos explorados neste capítulo.

Contudo o tema central de nossa conversa não se reduz a uma discussão conceitual. Brincar e aprender são atividades que ora se aproximam, ora se distanciam no complexo processo de humanização do homem. Portanto, de sua educação. O leitor deve estar lembrado que esta foi a grande lição aprendida por Pinóquio nas (des)aventuras que o seduziam e o afastavam do caminho da escola. Ele compreendeu que era necessário renunciar — ao menos temporariamente — à satisfação imediata de seus impulsos e desejos para libertar-se de sua condição de marionete. Enganam-se, porém, aqueles que veem no percurso (educativo) de Pinóquio uma alegoria em que estava em jogo a escolha entre os caminhos do *bem* e do *mal*. O dilema do boneco não era moral, mas proveniente dos conflitos que o impediam de situar-se num "eu". Esta é a leitura que Philippe Meirieu (1998) faz da fábula e com a qual concordo plenamente. A narrativa de Collodi nos coloca frente às tensões vividas pelo personagem entre "agradar ao outro ou a si mesmo" até o momento em que se vê obrigado a encontrar um jeito de "salvar o pai — e a si mesmo — de dentro do ventre do monstro do mar". Meirieu observa que esta é a primeira situação na qual se impõe a Pinóquio a questão de "tomar la situación em mano", ou seja, não se tratava mais de satisfazer aos desejos dos adultos para finalmente ceder a seus próprios caprichos [...] "Pinocho ha crescido" (Meirieu, 1998, p. 38-39).

Para fechar as reflexões desenvolvidas neste livro, penso que ainda devo um esclarecimento relativo à "provocação" que fiz e deixei em suspenso desde o primeiro capítulo. Que seria uma "escola de verdade"? Adianto que não tenho a resposta. Desafio quem a tenha. No entanto, posso dar, sim, algumas pistas sobre como vejo (atualmente) esta questão. Para tanto, contarei uma última história que costumo contar aos meus alunos (professores e futuros professores), pelo grande valor "pedagógico" que atribuo a este episódio em minha "formação" como educadora. A história aconteceu comigo, no papel de mãe, há mais de vinte anos. Meu filho, então com 7 anos de idade, um belo dia revelou que gostaria de mudar de escola. Surpresa, indaguei a razão do seu descontentamento, e assim ele respondeu: "não é isso, minha escola é bem legal, até parece um clube, mas eu queria uma 'escola de verdade'!". Pedi a ele então que descrevesse o que seria uma "escola de verdade". Na escola imaginada por ele, "a professora escreve a lição na lousa, a gente faz no caderno, então ela corrige". E completando a sua justificativa, concluiu: "É que agora, sabe, eu já sou grande".

Continuo sem saber o que seria uma "escola de verdade", mas identifiquei duas grandes pistas naquela reivindicação infantil de meu filho e que considero até hoje com a maior seriedade: a de que a escola é lugar de *ensinar* e *aprender*, e que esses papéis devem ser ocupados, respectivamente, por um adulto e por uma criança. O adulto é esse alguém que sustenta o lugar de um (suposto) saber e também a *diferença* que o separa daquele que aprende. Essa *diferença*, por sua vez, se apoia na seguinte promessa: a de que, um dia, essa criança (posição ocupada também pelo jovem ou adulto, na condição de educando) será como aquele que agora a educa. Pois esta é a tarefa (simbólica) que ora está sob sua responsabilidade: a de criar condições para que as próximas gerações de Pinóquios participem, usufruam e também contribuam para esse "fundo comum" que é a nossa herança cultural.

Ainda algumas palavras...

Chegando ao fim deste livro, sinto que muitas coisas não foram ditas. Este talvez seja o sentimento que melhor define o ofício de ensinar, e que o faz tão cúmplice de nossa condição humana: somos finitos e irreparavelmente inconclusos. A certeza de que quando partirmos, definitivamente, deixaremos muitas coisas por fazer — e desarrumadas — é também o que mais nos aflige. Mas assim é a vida e esta profissão: não conseguiremos chegar ao "ponto final" que arremataria nossa obra. Se servir de consolo, devemos nos lembrar de que esta é tarefa de muitas mãos. Por isso, invertendo a ordem, finalizo este livro fazendo a declaração pública de minha "filiação" intelectual. Embora o tenha citado apenas uma vez neste trabalho, foi por *causa* de Paulo Freire que me tornei educadora. Destaquei a palavra "causa" para ressaltar seu duplo sentido: o mais comum, e que indica a "razão", me reporta ao fato de que foi por meio da leitura da obra *Pedagogia do oprimido* — nos idos de 1979 — que tomei a decisão de tornar-me uma educadora. Foi porque me identifiquei com os mesmos "motivos" que mobilizaram o autor — isto é, com suas *causas* políticas e sociais — que me tornei professora por profissão. Embora ele não tenha tomado conhecimento disso, situo Paulo Freire como meu primeiro "mestre".

Ao longo do caminho, é verdade, descobri outras *causas* e tive outros mestres. Alguns deles tenho o *dever* de nomear. Foi pelas mãos de Marcos Lorieri — meu professor de Filosofia da Educação na mesma Universidade — que de aluna passei à condição de professora. Entre as muitas coisas que aprendi com ele, a principal, sem dúvida, foi a paixão pelo filosofar. Depois, como pesquisadora, aprendi com Antônio Joaquim Severino a importância do trato cuidadoso com as questões epistemológicas e metodológicas que sustentam a atividade intelectual. Devo a ele, portanto, muito do que sei e que me permite, hoje, ajudar a formar novos pesquisadores do campo da educação. Mas foi com Alípio Casali que descobri que a experiência do conhecimento — dado que nos toca também a sensibilidade — pode ser vivida como um acontecimento *estético,* intimamente relacionado ao projeto existencial de cada um. Com Alípio aprendi também a nomear o que me parece um princípio ético fundamental da arte de educar: que o *outro* é — e sempre será — um *outro* "distinto" de mim, e que aí reside o sentido mais radical de nossa liberdade.

Não aprendemos apenas com nossos "mestres". Muito do que sabemos, e que acaba por fazer parte da *matéria* de que somos constituídos, provém da *atmosfera* em que se realiza o processo de nossa educação. Assim, não podemos desprezar o peso das instituições na formação de nossa visão particular de mundo e de homem. Com o tempo, acabamos por nos reconhecer na história e na cultura da *escola* onde nos formamos. Sua arquitetura, seus sons e movimentos nos ajudam a preservar a sensação de familiaridade e pertencimento a um determinado ambiente intelectual ao qual nos "filiamos". Acredito que o resultado de nossa formação se deve, em grande medida, à combinação do convívio com os saberes de nossos mestres *no contexto* de uma história institucional que nos antecedeu e que nos transcenderá. A isso, sim, podemos chamar de educação ou de "escola tradicional". E por conta de seu valor para nossa constituição como pessoas é que não devemos confundir essa expressão com a de um ensino "conservador", arcaico ou ultrapassado. Alguns já têm insistido neste ponto, mas foi nas leituras de Winnicott que encontrei um dos argumentos mais fortes a favor dessa ideia: "Em nenhum campo cultural — afirmou — é possível ser original, exceto numa base de tradição" (Winnicott, 1975, p. 138). Grande parte dessa herança cultural adquirida ao longo de minha formação devo à PUC-SP, instituição na qual construí vínculos de pertencimento.

Nossa "dívida simbólica" se estende também a nossos pares. Com eles, dividimos as angústias e os prazeres da profissão. Com este espírito de cumplicidade, refletimos e aprendemos. Com muitos colegas aprendi que é possível construir um projeto coletivo de trabalho, com entusiasmo, dedicação e seriedade dentro de uma relação de confiança. Como não poderia mencionar todos, os represento por meio da professora e amiga Maria do Carmo da Silva, ao lado de quem aprendi o exato sentido da palavra "coleguismo". Num lugar muito especial figuram ainda três nomes: o de Maria Luiza Guedes (a Malu), o de Branca Jurema Ponce (a Branquinha) e o de Terezinha Azerêdo Rios (Tê). Para além do afeto, os apelidos falam de uma relação de "irmandade", tão necessária ao aprender *juntos*. Com cada um dos que citei, e também com os que não foram aqui nomeados, aprendi coisas diferentes. Com todos e, principalmente, com meus alunos, aprendi — e continuo aprendendo — a lição mais importante: a de que, embora singular e única, a experiência do conhecimento é sempre compartilhada. Ensinar a aprender é isso!

Bibliografia

ALVES, Rubem. *Estórias de quem gosta de ensinar.* 6. ed. São Paulo: Cortez/Autores Associados, 1986.

APPLE, M. *Ideologia e currículo.* São Paulo: Brasiliense, 1982.

ARIÈS, Philippe. *História social da criança e da família.* 2. ed. Trad. Dora Flaksman. Rio de Janeiro: Editora Guanabara, 1981.

AZENHA, Conceição Aparecida Costa. De um corpo aos pedaços a um sujeito: o que Gepeto sempre pode ensinar sobre isso a quem educa? *ETD: Educação Temática Digital*, Campinas, v. 8, número especial, p. 333-348, jun. 2007.

BALL, Stephan J. Profissionalismo, gerencialismo e performatividade. *Cadernos de Pesquisa*, São Paulo, v. 35, n. 126, set./dez. 2005.

BAQUERO, Ricardo. *Vygotsky e a aprendizagem escolar.* Porto Alegre: Artes Médicas, 1998.

BAUMAN, Zygmunt. *Modernidade líquida.* Trad. Plínio Dentzien. Rio de Janeiro: Jorge Zahar, 2001.

CASTORINA, José Antonio; FERREIRO, Emilia; LERNER, Delia; OLIVEIRA, Marta Khol. *Piaget-Vygotsky*: novas contribuições para o debate. 6. ed. São Paulo: Ática, 2003.

COLLODI, Carlo. *As aventuras de Pinóquio.* Trad. Pietro Nassetti. São Paulo: Martin Claret, 2002.

DUARTE, Newton. As pedagogias do aprender a aprender e algumas ilusões da assim chamada sociedade do conhecimento. *Revista Brasileira de Educação*, n. 18, p. 35-40, set./out./nov./dez. 2001.

DUPAS, Gilberto. *Tensões contemporâneas entre o público e o privado*. São Paulo: Paz e Terra, 2003.

DUSSEL, Enrique. *Para uma ética da libertação latino-americana I*. Acesso ao ponto de partida da ética. São Paulo: Loyola, 1977.

FOUCAULT, Michel. *Vigiar e punir*: história da violência nas prisões. 11. ed. Trad. Lígia M. Pondé Vassalo. Petrópolis: Vozes, 1987.

FREIRE, Paulo. *Pedagogia do oprimido*. 17. ed. Rio de Janeiro: Paz e Terra, 1987.

FREUD, Sigmund. Formulações sobre os dois princípios de funcionamento mental. In: _____. *Edição Standard Brasileira das obras psicológicas completas de Sigmund Freud*. Rio de Janeiro: Imago, 1996. v. XI. [Trabalho original publicado em 1911]

_____. Observações psicanalíticas sobre um caso de paranoia (*dementia paranoides*) relatado em autobiografia ("O caso Schreber, 1911). In: _____. *Edição Standard Brasileira das obras psicológicas completas de Sigmund Freud*. Rio de Janeiro: Imago, 1996. v. XII. [Trabalho original publicado em 1911.]

GUDSDORF, Georges. *Professores para quê?* São Paulo: Martins Fontes, 1987.

KANT, Immanuel. *Crítica da razão prática*. 3. ed. São Paulo: WMF Martins Fontes, 2011.

LEITE, Luci Banks (Org.); MEDEIROS, A. Augusta (Col.). *Piaget e a Escola de Genebra*. 3. ed. São Paulo: Cortez, 1995.

LIMA, Lauro de Oliveira. *Piaget para principiantes*. 3. ed. São Paulo: Summus, 1980.

LIMA, Lauro de Oliveira. *Pedagogia: reprodução ou transformação*. São Paulo: Brasiliense, 1982.

LIPOVETSKY, Gilles. *A era do vazio*: ensaio sobre o individualismo contemporâneo. Trad. Miguel Serras Pereira e Ana Luísa Faria. Lisboa: Antropos, 1983.

_____. *Os tempos hipermodernos*. Trad. Mário Vilela. São Paulo: Barcarolla, 2004.

LYOTARD, Jean-François. *A condição pós-moderna*. 6. ed. Trad. Ricardo Corrêa Barbosa. Rio de Janeiro: José Olympio, 2000.

MANGANELLI, Giorgio. *Pinóquio: um livro paralelo*. Trad. Eduardo Brandão. São Paulo: Companhia das Letras, 2002.

MEIRIEU, Philippe. *Frankenstein Educador*. Trad. Emili Olcina. Barcelona: Laertes Psicopedagogia, 1998.

OLIVEIRA, Marta Khol de. *Vygotsky*: aprendizado e desenvolvimento, um processo histórico. São Paulo: Scipione, 1993. (Série Pensamento e Ação no Magistério.)

PALHARES, Odana. Transmissão e estilo: o que define a singularidade na relação professor-aluno? In: _____. *Psicanálise, educação e transmissão*. 6. ed. São Paulo, 2006. Disponível em: < http:// www.proceedings.scielo.br/scielo.php?script = sci_arttext&pid = MSC0000000032006000100058&lng = en&nrm = abn >. Acesso em: 27 ago. 2010.

PARRAT, Silvia; TRYPHON, Anastasia (Orgs.). *Jean Piaget*: sobre a pedagogia, textos inéditos. São Paulo: Casa do Psicólogo, 1998.

PIAGET, Jean. *Para onde vai a educação?* 9. ed. Rio de Janeiro: José Olympio, 1988.

_____. *O juízo moral da criança*. São Paulo: Summus, 1998a.

_____. Os procedimentos da educação moral. V Congresso Internacional de Educação Moral, Paris, 1930, análise e relatório geral. Paris: F. Alcan, 1930, p. 182-219. In: PARRAT, Silvia; TRYPHON, Anastasia (Orgs.). *Jean Piaget*: sobre a pedagogia, textos inéditos. São Paulo: Casa do Psicólogo, 1998b. p. 26-58.

PLATÃO. *A República*. Trad. Maria Helena da Rocha Pereira. 5. ed. Lisboa: Fundação Calouste Gulbenkian, 1987.

_____. Apologia de Sócrates. Trad. Enrico Corvisieri Mirtes Coscodai. São Paulo: Nova Cultural, 1999. (Col. Os pensadores.)

_____. *O banquete*. São Paulo: Cultura Brasileira, s.d.

POPKEWITZ, Thomas S. A reforma como administração social da criança: a globalização do conhecimento e do poder. In: BURBULES, Nicholas C.; TORRES, Carlos A. (Orgs.). *Globalização e educação*: perspectivas críticas. Porto Alegre: Artmed, 2004. p. 107-125.

REVISTA NOVA ESCOLA. Fundação Vitor Civita, São Paulo, Abril, v. 226, out. 2009.

ROSA, Sanny S. da. *Construtivismo e mudança*. São Paulo: Cortez, 1994. (Col. Questões da Nossa Época; v. 29.)

_____. *Brincar, Conhecer, Ensinar*. 5. ed. São Paulo: Cortez, 2010. (Col. Questões da Nossa Época; v. 19.)

ROSSLER, João Henrique. *Sedução e alienação no discurso construtivista*. Campinas: Autores Associados, 2006.

ROUSSEAU, Jean Jacques. *Emílio ou da Educação*. Trad. Sérgio Milliet. 3. ed. São Paulo, Rio de Janeiro: Difel, 1979.

SILVA, Alexander Meireles da. *Pinóquio e o Bildungsroman: Uma leitura comparativa com a literatura norte-americana*. TriceVersa, Assis, v. 2, n. 1, maio/out. 2008.

VYGOTSKY, L. S. *A construção do pensamento e da linguagem*. São Paulo: Martins Fontes, 2001.

WINNICOTT, D. W. *O brincar e a realidade*. Rio de Janeiro: Imago, 1975.

WINNICOTT, D. W. *O ambiente e os processos de maturação*: estudos sobre a teoria do desenvolvimento emocional. 3. ed. Porto Alegre: Artes Médicas, 1990.

ZIZEK, Slavoj. *Como ler Lacan.* Trad. Maria Luiza X. de A. Borges. Rio de Janeiro: Zahar, 2010.

_____. *Primeiro como tragédia, depois como farsa.* Trad. Maria Beatriz de Medina. São Paulo: Boitempo, 2011.

Filmes

BENIGNI, Roberto. *Pinóquio* [título original: *Pinocchio*]. Direção de Roberto Benigni, Itália: Melampo Cinematográfica, 2002 [filme/vídeo, 108 minutos]

HERZOG, Werner. *O enigma de Kaspar Hauser* [título original: *Jeder für sich un Gott gegen alle*]. Direção de Werner Herzog, Alemanha Ocidental: Werner Herzog Filmproduktion; Zweites Deutsches Fernsehen (ZDF), 1974 [filme/vídeo, 110 minutos].

CHAPLIN, Charlie. *Tempos modernos* [título original: *Modern Times/The masses*]. Direção de Charlie Chaplin. Estados Unidos: United Artists/Charles Chaplin Productions, 1936 [filme/vídeo, 88 minutos].

GRÁFICA PAYM
Tel. (11) 4392-3344
paym@terra.com.br